持续深化要素市场化改革研究

国家发展和改革委员会市场与价格研究所◎著

中国市场出版社
China Market Press
·北 京·

图书在版编目（CIP）数据

持续深化要素市场化改革研究 / 国家发展和改革委员会
市场与价格研究所著. —北京: 中国市场出版社有限公司，2024.1

ISBN 978-7-5092-2359-8

Ⅰ.①持… Ⅱ.①国… Ⅲ.①中国经济－经济市场化
—市场体系建设—研究 Ⅳ.①F123.93

中国版本图书馆CIP数据核字（2022）第252481号

持续深化要素市场化改革研究
CHIXU SHENHUA YAOSU SHICHANGHUA GAIGE YANJIU

著　　者：国家发展和改革委员会市场与价格研究所
责任编辑：晋璧东（874911015@qq.com）
出版发行：中国市场出版社
社　　址：北京市西城区月坛北小街2号院3号楼（100837）
电　　话：（010）68033539/68036672/68020336
经　　销：新华书店
印　　刷：河北鑫兆源印刷有限公司
成品尺寸：170mm×240mm　　开　本：16
印　　张：19　　　　　　　　字　数：280千
图　　数：39　　　　　　　　表　数：40
版　　次：2024年1月第1版　　印　次：2024年1月第1次印刷
书　　号：ISBN 978-7-5092-2359-8
定　　价：118.00元

序 言

　　不忘初心就必须牢记历史。1962年5月为加强对物价工作的统一领导，国务院决定建立国务院领导下的全国物价委员会。国务院各有关主管部门设立物价机构或配备物价专职人员，负责本部门的物价管理工作。各省、直辖市、自治区人民委员会相继建立或健全物价委员会，统一领导省、直辖市、自治区的物价工作；一部分专区和县也建立了物价机构，配备专职人员管理物价。从这时起，中国从中央到地方政府初步建立了统一的物价管理系统。1970年全国物价委员会撤销后，工作并入国家计划委员会。为了加强对市场物价的管理，1977年4月，国家计划委员会向中共中央、国务院提出关于成立国家物价总局的报告，同年8月，国务院批准成立。与此同时，各地、各有关单位也陆续恢复并逐步健全了物价管理机构。1982年国家管理机构改革，国家物价总局改名为国家物价局。据专家调查研究，是邓小平、陈云、邓力群和薛暮桥同志的主张推动了在国家物价局成立物价研究所。1979年3月，陈云在写的一份提纲中指出，整个社会主义时期必须有两种经济：计划经济部分，这是基本的主要的；市场调节部分，这是从属的次要的。接着邓力群在国家经委企业管理研究班上讲，通过市场调节的部分，也要运用价格、税收、信贷、经济立法等手段，去加以引导。当年11月，邓小平同外宾谈话时说：我们是计划经济为主，也结合市场经济，市场经济不能说只是资本主义的，社会主义也可以搞市场经济。1980年4月，薛暮桥给国务院写了一个书面材料，其中讲到了价格研究的必要性："从实行利润分成做起扩大企业自主权，有积极的一面，但由于价格与价值背离，出现了苦乐不均，并且阻碍此后价格的调整。"

国家发展和改革委员会市场与价格研究所的前身——原国家物价总局物价研究所成立于1980年5月（国发〔1980〕141号），至今已满44周岁。1992年10月，党的十四大明确提出经济体制改革的目标，即要建立社会主义市场经济体制，使市场在国家宏观调控下对资源配置起基础性作用。为适应建立社会主义市场经济体制的需要，就要相应地进行有关方面的调整，加快政府职能转变，进一步改革政府机构，实行精兵简政。1993年随着国务院机构改革，原国家物价局物价研究所并入原国家计委，更名为国家计委物价研究所。1995年2月，根据中央机构编制委员会办公室中编办字〔1995〕30号文件，国家计委物价研究所更名为国家计委市场与价格研究所。1999年6月，经中编办字〔1999〕61号文批准更名为国家发展计划委员会市场与价格研究所。2001年11月，市场与价格研究所、社会发展研究所同时与经济研究所合并，成立国家发展计划委员会经济社会发展研究所，但市场与价格研究所原法人名称、公章及编制仍予保留。2004年9月，国家发展计划委员会市场与价格研究所更名为国家发展和改革委员会市场与价格研究所。2015年5月，市场与价格研究所根据国家发展改革委党组批准的三定方案重新组建，2015年8月，所领导班子成员经国家发展改革委党组批准任命后，市场与价格研究所恢复独立运行（简称市场所），现为国家发展改革委管理的正司级事业法人单位。

自成立以来，市场与价格研究所围绕服务国家宏观决策和委中心工作，在宏观调控、产业政策、市场体系、价格改革、政府监管等领域开展了大量研究工作，直接参与了多项文件起草，承担了大量政策咨询和课题研究任务，研究成果多次获得国家和部委级科技进步奖，多次获得中国价格研究领域最高奖——薛暮桥价格研究奖，在学界、理论界和政策制定部门产生了重大影响，在我国市场与价格研究领域处于领先地位。国务院原副总理马凯同志曾在市场与价格研究所工作（1982—1983年任国家物价局物价研究所助理研究员），知名专家学者路南、陈德尊、陈东琪、刘树杰、宋立、臧跃茹、杨宜勇等先后担任所长或兼任法人。成致平、刘国光、戴园晨、王永治、刘福垣曾担任市场所顾问，指导研究所的工作。从市场所走出去的知名专家还有张宇（《求是》杂志社副总编辑）、刘泉红（国家发展改革委产业经济与技术经济研究所所长）、谢晓凌（广东省物价局）、郭丽岩（中国宏观经济研究院研究员）等。

践行使命也必须继往开来。进入新时代，市场与价格研究所作为国家高端智库中国宏观经济研究院的重要组成部分，其主要职责是：研究价格总水平运行趋势，监测大宗商品及重要行业价格走势；研究现代市场体系建设；研究市场监管体系，重点是反垄断与反不正当竞争的理论、政策和方法；研究重点领域价格形成机制及公用事业价格规制；编辑出版《中国物价》月刊。目前设有办公室、公平交易与市场秩序研究室、要素市场研究室、大宗商品市场研究室、价格调控与监管研究室和《中国物价》编辑部。当下研究如何构建高标准市场体系，是市场所义不容辞的紧迫任务之一。

本书是国家发展和改革委员会市场与价格研究所利用财政部基本科研业务经费开展的研究成果的汇编。该项目旨在进一步扩大科研项目经费管理自主权、完善科研项目经费拨付机制、加大科研人员激励力度、减轻科研人员事务性负担、创新财政科研经费投入与支持方式、改进科研绩效管理和监督检查及组织实施。财政部规定基本科研业务费用于支持青年科研人员的比例，一般不得低于年度预算的50%，而市场所执行的是100%向青年科研人员倾斜！

深化要素市场化配置改革、构建更加完善的要素市场化配置体制机制，是加快完善社会主义市场经济体制的内在要求。2020年3月30日印发的《中共中央、国务院关于构建更加完善的要素市场化配置体制机制的意见》(以下简称《意见》)就扩大要素市场化配置范围、促进要素自主有序流动、加快要素价格市场化改革、健全要素市场运行机制等方面进行部署。一分部署，九分落实。2022年初，我们确定《持续深化要素市场化改革研究》的研究主题，并且聚焦两个视角开展了深入的研究。

一个是如何完善要素市场化配置体系。完善要素市场化配置体系是我国深化经济体制改革、建设高标准市场体系的客观要求，对于加快完善社会主义市场经济体制、推动经济高质量发展具有重要意义。为实现这一目标，可以从以下几个方面着手：一要扩大要素市场化配置范围。在保障不同市场主体平等获取生产要素的前提下，进一步扩大市场对资源配置的决定性作用，尤其是土地、劳动力、资本、技术、数据等要素的市场化配置。二要健全要素市场体系。需要建立起统一、开放、竞争有序的市场体系，这不仅包括商品和服务市场，还包括生产要素市场。通过优化市场结构，提升市场效率，保障市场的公平竞争。三要推进要素市场制度建设。强化市场规则和制度建设，完善市场准入、竞争公平、交易规则、权益保护等法律法规，确保市场在资源配置中起决定性作用的同时，还能够维护良好的市场秩序。四要实现要素价格市场决定。通过市场供求关系决定要素价格，减少政府对要素价格的直接干预，使价格能够更真实地反映资源的稀缺程度和供求关系。五要促进要素自主有序流动。破除阻碍要素自由流动的体制机制障碍，建立起符合市场经济要求的要素流动机制，让各类生产要素能够依据市场规则、市场价格、市场竞争实现效益最大化和效率最优化。六要提高要素配置效率。通过优化要素配置，提升资源配置的效率和效益，促进各类要素协同向先进生产力集聚，为经济发展质量变革、效率变革、动力变革提供支持。七要创新监管机制。在更好发挥政府作用的同时，创新监管方式，提高监管效能，保障市场公平竞争，维护市场秩序，引导各类要素协同向先进生产力集聚。八要坚持问题导向，分类施策。针对不同领域和不同要素的特点，采取差异化的改革措施，解决影响要素市场化配置的突出问题。九要坚持稳中求进，循序渐进。在推进要素市场化配置改革的过程中，要保持政策的连续性和稳定性，避免出现大的政策波动，确保改革能够平稳有序进行。只有通过上述这些措施，才可以构建起更加完善的要素市场化配置体系，为我国经济发展提供更加坚实的制度基础和更加有效的市场机制。

另一个是如何健全要素市场评价机制。健全要素市场评价机制是确保市场在资源配置中起决定性作用的重要环节，它能够帮助实现要素的合理配置和有效激励。可以通过以下几个关键步骤来完善和健全要素市场评价机制：一要建立统一的评价标准。需要制定一套统一的、公开透明的评价标准，以便于各类市场主体能够根据这些标准进行自我评估和相互评价。二要完善市场决定的评价机制。要素的市场评价应该基于市场供求关系、价格信号和竞争结果，确保评价结果能够真实反映市场对要素价值的认可。三要引入第三方评估。在必要的情况下，可以引入独立的第三方评估机构，以提供客观、专业的评价服务，增加评价的公正性和权威性。四要强化质量与效益导向。评价机制应该注重质量而非仅仅数量，鼓励创新和效率提升，引导要素向高附加值、高技术含量的领域流动。五要鼓励创新和竞争。通过评价机制激励企业进行技术创新和管理创新，同时鼓励公平竞争，防止垄断和不正当竞争行为。六要建立反馈和调整机制。评价结果应该能够及时反馈给市场主体，帮助他们了解自身的市场位置和改进方向。同时，评价机制应该能够根据市场变化进行动态调整。七要保障权益和公平竞争。确保评价过程中所有市场主体的合法权益得到保护，防止因评价不公而造成的不正当竞争和市场扭曲。八要提高透明度和可预测性。评价过程和结果应该具有高度的透明度，让所有市场主体都能预见到自己的行为将如何影响评价结果。九要加强培训与教育。对市场参与人员进行相关的培训和教育，提高他们对评价机制的理解和运用能力。只有通过上述这些措施，才可以建立起一个科学、公正、有效的要素市场评价机制，有助于提高资源配置的效率和效益，促进市场的健康发展。

党的二十大报告提出，"健全资源环境要素市场化配置体系"。习近平总书记指出，"要推动有效市场和有为政府更好结合，将碳排放权、用能权、用水权、排污权等资源环境要素一体纳入要素市场化配置改革总盘子，支持出让、转让、抵押、入股等市场交易行为"。显而易见，推动高质量发展和建设现代化经济体系迫切需要进一步扩大要素市场化配置范围，健全要素市场体系，推进要素市场制度建设。我们的研究也必须与时俱进，永不停步！

杨宜勇

2024年1月2日写于北京市西城区

木樨地国宏大厦B座B1811办公室

目 录

我国资源环境权益市场建设研究

周 适

内容提要： 建设资源环境权益市场是建立绿色低碳循环发展的经济体系，实现碳达峰、碳中和目标愿景的重要举措。现阶段，我国环境权益交易体系共有排污权、碳排放权、用能权、水权、节能量交易和绿色电力证书等6个并行的市场。建设高标准资源环境权益市场仍面临一些短板和问题：环境权益子市场之间重叠交叉，市场制度尚未健全，交易对象和市场主体范围受限，市场交易量小、活跃度低且长期有萎缩趋势，试点市场推而不广、效果有限。对此，建议着力优化顶层设计，理顺市场之间制度衔接；加快完善资源环境权益初始确权、分配、统计监测等市场基础制度；大力强化资源环境权益市场法律保障；有序扩大市场交易范围、提高市场活跃度；加快建设全国统一的资源环境权益市场。到2035年，全面建成高标准资源环境权益市场。

碳达峰、碳中和目标愿景的提出使得绿色发展成为未来40年中国经济社会发展的主基调。"十四五"时期，我国生态文明建设进入以降碳为重点战略方向、实现生态环境质量改善的关键时期。需要加快建设、培育和发展碳排放权交易市场、排污权市场、水权市场等资源环境权益交易市场，对建立绿色低碳循环发展的经济体系，实现碳达峰、碳中和目标愿景形成有力支撑。

一、资源环境权益交易的基本内涵、分类和意义

（一）资源环境权益的基本内涵

资源环境权益是一种人为创建的资源。其实质是将资源环境外部性问题内部化。由公共部门界定生态、排放和资源开发利用等领域环境权益的产权属性，政府在总量控制的前提下，使环境权益成为一种稀缺性资源，产生价格信号并发挥市场的自发调节功能，实现环境权益在不同主体、部门或地区之间的高效配置，从而倒逼各类社会主体形成资源节约、污染物和温室气体减排的动力，最终提升环境资源配置效率。

（二）资源环境权益的分类

资源环境权益可分为生态权益、排放权益和资源开发利用权

益三类。资源环境权益交易范围主要涵盖后两类——排放权交易和资源开发利用权交易。基于排放权益管理控制产生的制度主要包括排污权、碳排放权、国家核证自愿减排量（CCER）等交易制度；基于资源开发利用权益管理控制产生的制度主要包括用能权、用水权、节能量和绿色电力证书等交易制度。如图1所示。

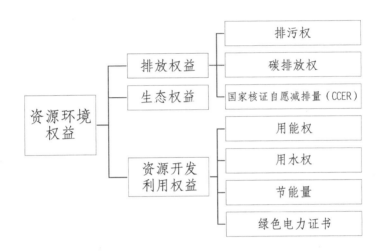

图1 资源环境权益的构成图示

1.排污权交易

排污权交易是对一定区域内的污染源设定年度总排放上限，将总量以许可证形式分配给排污主体，排污主体将多余未使用的许可证在市场上进行交易。排污权交易可广泛应用于水、大气、废弃物、噪声等污染物的控制。如果排污者削减单位污染物的费用高于市场价格，则其会选择从市场上购买排污权而非自己削减污染物。反之，如果排污者削减单位污染物的费用低于市场价格，则其倾向于自己削减污染物而将其所拥有的排污权按市场价格出卖。通过排污权交易市场，污染物的削减将主要由削减效率较高（即削减费用较低）的排污者来承担，在排污总量范围内，即可以最小的污染物削减费用来实现既定的污染物控制目标。

2.碳排放权交易

我国碳排放权交易市场主要有两种交易类型，即总量控制配额交易和项目减排量交易。前者的交易对象主要是控排企业获配的碳排放配额，在碳排放权交易机构进行交易。后者的交易对象主要是通过实施项目削减温室气体而取得的减排凭证（经国家主管部门备案的自愿减排量即为"国家核证自愿减排量"，即CCER）。

中国现阶段试行的碳排放配额交易采用总量控制交易机制（cap-and-trade），通过立法或其他有约束力的形式，对一定范围内的排放者设定温室气体排放总量上限（cap），将排放总量分解成排放配额，依据一定原则和方式（免费分配或拍卖）分配给排放者。配额可以在包括排放者在内的各种市场主体之间进行交易（trade），配额代表了碳排放权，排放者的排放量不能超过其持有的配额量。在每个履约周期结束后，管理者要对排放者进行履约考核，如果排放者上缴的配额量少于排放量，则视为没有完成履约责任，必须受到惩罚。

3.国家核证自愿减排量交易

根据《碳排放权交易管理办法（试行）》（生态环境部部

令第19号），国家核证自愿减排量（Chinese certified emission reduction，以下简称为"CCER"），是指对我国境内可再生能源、林业碳汇、甲烷利用等项目的温室气体减排效果进行量化核证，并在国家温室气体自愿减排交易注册登记系统中登记的温室气体减排量。国家核证自愿减排量（CCER）可以在经备案的交易机构内交易，以抵消碳排放的减排量。

4.用能权交易

用能权交易是在能源消费总量控制的背景下，用能主体经核定或交易而取得在一定年度内可使用和投入生产的能源消费量指标。用能主体可在规定期限内对用能权进行转让和抵押。

5.用水权交易

水资源使用权（用水权）交易制度是指政府依据一定规则把水权分配给使用者，并允许水权所有者之间的自由交易。政府通过水权转让进行水的再分配，促使水从低价值使用向高价值使用转让，提高了水的利用效率和使用价值。我国水权交易分为三种主要类型：区域水权、取水权及灌溉用水户水权交易。地区间、流域间、流域上下游属于区域水权交易，行业间以及用水户间属于取水权交易。

6.节能量交易

节能量交易机制是指政府为整个经济的能耗水平设定一个上限，然后在各参与主体之间分配能耗配额，允许超额耗能主体与耗能未超额主体之间进行配额单位交易。作为一种事前调节手段，节能量交易控制能源浪费、减少污染的着力点在源头。节能量交易可以在能源耗费之前促使责任主体改进节能技术、提高管理效率，达到节约能源和改善环境的目的。

7.绿色电力证书交易

绿色证书交易机制因实施可再生能源电力配额制而产生。风电等可再生能源发电商可将其获得的可再生能源发电量的绿色证书在市场上进行交易，电力供应商可以通过自建非水电可再生能源项目或购买可再生能源电力绿色证书的方式，完成可再生能源发电的配额考核指标。绿色电力证书交易能够有效促进可再生能源快速发展、碳排放总量减少和能源结构性变革深化。

上述内容参见表1所示。

表1 资源环境权益市场体系

类别	权益名称	市场主体	建立市场的目标	目标实现方式	国际实践
排放权益	排污权	所有排污单位	控制主要污染物排放量	总量控制+配额交易	美国、澳大利亚、加拿大、德国等国家
	碳排放权	重点温室气体排放单位	控制温室气体排放量	总量控制+配额交易	欧盟、美国、加拿大、新西兰、澳大利亚等国家和地区
资源开发利用权益	用能权	重点用能单位	控制能源消耗量	总量控制+配额交易	国外无相关实践
	用水权	区域、部门（产业）、个人等用水主体	控制水资源消耗量	总量控制+配额交易	美国、澳大利亚和智利等国家

（续表）

类别	权益名称	市场主体	建立市场的目标	目标实现方式	国际实践
资源开发利用权益	节能量	重点用能单位	控制能源消耗增量	基于项目产生	美国、欧盟和印度等国家和地区
	绿色电力证书	电网企业、发电企业或售电企业	提升非水可再生能源发电比重	"证书+配额"的强制约束交易	美国、日本、德国、英国、法国、荷兰、瑞典等20多个国家

资料来源：刘航、温宗国的作品《环境权益交易制度体系构建研究》。

（三）建设资源环境权益市场的重要意义

一是有利于运用市场机制提高资源利用效率和使用价值，推动绿色低碳发展。环境权益交易市场的建立，旨在为环境权益定价，用市场机制解决不断恶化的环境问题。建设资源环境权益交易市场使环境的价值得以体现，环境权益的价格信号更加清晰，通过资源环境权益交易价格反映资源以及环境容量的稀缺程度，有利于最大限度地激发企业节能减排的积极性，引导资源和环境容量进行有效配置，用最小的成本实现碳达峰碳中和目标。排放和用能指标供给的相对需求不足，价格升高，促进企业节能减排投资和技术进步。以环境权益交易制度为代表的市场化机制已成为各国解决资源环境问题的重要政策工具。我国《生态文明体制改革总体方案》中明确提出要构建更多运用经济杠杆进行环境治理和生态保护的市场体系。建立全国统一的环境权益交易市场体系，将有利于环境权益在更大范围的地区、城乡、三次产业、行业和企业之间自由流转，实现环境权益更加优化和高效配置。

二是推动政府对生态环境和资源由微观管理向宏观管理转型。我国政府对资源环境的传统管理方式是对开发利用生态环境资源的行为、向环境中排放污染物的行为直接进行微观管制。通过建立生态环境资源权益交易的市场机制，政府对生态环境资源评估后将可以开发利用的生态环境资源以一定的形式供给市场，市场主体可通过市场交易获取生态环境资源，既能够减少政府对经济社会的直接干预，又能够大幅降低管理成本，提升效率和效果。

三是通过市场化方式实现对欠发达地区的生态补偿。一些欠发达地区环境资源容量好，工业企业少，排放和用能指标富余。其富余指标可通过跨区交易，出售给环境资源容量低、指标紧张的发达地区或企业，获得经济价值。如此，通过资源环境市场既实现了发达地区对欠发达地区的生态补偿，也减少了中央财政纵向转移支付的压力。

上述内容如表2所示。

表2 资源环境权益市场和管制手段比较

项目	优势	劣势	期限
市场	治理成本最小化；最大程度激发企业积极性，提高资源配置效率；更加公平、有效和灵活	存在交易成本	适合长期
管制	强制执行，快速处理重大或突发环境事件；调动国家力量，集中资源投入	执行和治理成本高；无法达到资源配置的帕累托最优；导致寻租	适合短期

资料来源：根据相关政策整理。

二、我国建设资源环境权益市场面临的主要短板和问题

（一）顶层设计的系统性和统筹性不足

1.环境权益市场之间重叠交叉

我国环境权益市场缺乏统一的顶层设计，未充分考虑不同环境权益交易制度的定位分工，碳排放权交易、用能权交易、节能量交易等机制并行，导致环境权益不同子市场之间在覆盖范围、交易对象、市场主体等方面存在大量重叠交叉。例如，碳排放权交易、节能量交易和用能权交易三个市场在交易对象方面有所重复。同一个用能主体同时被纳入用能权市场和碳排放权市场，该用能主体的同一个用能行为会受到用能权指标和碳排放指标的双重约束。

2.衔接协调机制尚未建立

环境权益交易子市场之间的衔接机制、交易平台以及数据共享等问题尚未解决。现阶段，排污权交易试点主要由财政部推动，碳排放权、用能权、绿色电力证书交易试点主要由国家发展改革委推动，用水权交易试点主要由水利部推动，节能量交易试点则主要由工业和信息化部推动，导致多头管理和重复管控问

题，不同子市场的制度衔接需要进一步理顺。

（二）市场制度尚未健全，设计难度大

1.资源环境权益度量确认困难重重

全国资源环境权益市场的构建需要一系列的"基础设施"，资源环境权益的度量和确认是其中的关键之一。资源环境权益的度量难度远远超过传统要素，作为一个市场交易品，必须可测量、可报告、可核认。在英国，碳排放贸易不是以碳为计量单位的交换品，而是采用市场交易精确的电当量作为结算品。即使如此，由于电力生产中涉及化石能源、核能和可再生能源，电力使用的碳排放系数的精准计算存在一定的困难。

我国对碳排放的统计、监测和确认能力更需大力提升。以用能权为例，用能主体的能源消耗和能效基础数据是用能权初始确权的基本，但目前能耗基础数据由用能主体自行计量，自行选择第三方机构进行审核，使数据可比性和准确性存疑。

2.总量控制和指标分配机制尚不完善

总量控制与权益的初始分配是形成环境权益交易的基础与前提。在排污权市场，由于排污权试点地区的环境容量尚未明确、总量控制的上限没有划定，总量目标和指标的初始分配未与地区环境容量和质量相结合，排污权的稀缺性不足，企业缺乏交易动力。

此外，现阶段我国还缺乏统一的排污权初始分配方法，大多数地区免费发放排放配额，仅有部分地区采用定价发放的有偿分

配方式，少有基于拍卖的方式进行市场化的初级分配，使得排污权交易难以建立真正的市场机制。

在水权市场，水权初始分配执行的强制性约束机制、水资源使用的监督惩罚机制、水权交易的冲突调解机制缺失。水权分配不彻底，农业领域的水权通常仅分配到灌区，未能分配到灌溉用水户，不利于开展水权交易。水权初始分配不合理，时间优先、地域优先等多种优先权模式并存。

3.监测核查机制不完备

监测和核查机制是行使环境权益的重要保障。监测包括对污染源的在线监测、环保部门对交易企业的年度排污量进行监督监测。核查包括环保部门核定排污单位申报的初始排污权指标、审查排污权交易资质、核定排污权交易量。现阶段我国多数试点地区的排污量审核、监控、报告体系不完善，排放量的监测核查方案缺乏统一标准，核查、核证均由地方环保行政主管部门负责，存在企业瞒报现象和权力寻租的可能。

4.法律依据不足

排污权交易、碳排放权交易、用能权交易、用水权交易、节能量交易和绿色电力证书交易的依据仅为国家出台的文件，尚无国家层面的法律保障，也没有从法律上确认排污权的市场主体、市场交易制度、市场交易规则和管理机构等。缺乏法律约束，企业参与资源环境权益交易的意愿不足。地方立法规定不一，不利于资源环境权益的跨区域交易。

（三）市场相对封闭，交易对象和市场主体范围受限

开放、竞争的市场才有效率。排污权交易市场的范围越大，其优化配置环境资源的能力就越强。现阶段我国的资源环境权益市场相对封闭，具体表现为如下几方面。

1. 市场范围方面，大部分权益的全国性交易市场尚未形成

以排污权为例，以省、市为边界区域的排污权交易市场覆盖范围小，跨省交易匮乏，市场主体间减排成本差异不足，导致排污权交易市场容量偏小，供需匹配难度加大、价格发现和资源配置功能受限。

此外，大气污染物和水域污染物具有跨区域远距离扩散、流动的特点，以省、市为边界的区域性排污权市场难以有效发挥市场机制的减排促进作用。

2. 从交易对象看，大量资源环境权益尚未进入市场进行交易

对碳排放权市场来说，现阶段碳排放权交易只涉及化石能源，可再生能源（如果是一次电力）只是隐含在电网的排放系数中，并不直接参与交易。由于计量过于复杂，可再生能源、碳汇等大量优质产品尚难以进入碳排放权市场。

对排污权市场来说，大部分试点排污权市场主要针对气体和水体进行管控，尚未完成对污染源的完整覆盖。一些会对生态环境、人体健康造成显著负面影响的污染物，如一氧化碳、PM可吸

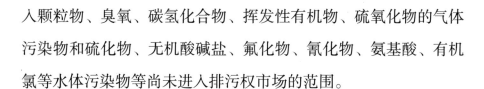

入颗粒物、臭氧、碳氢化合物、挥发性有机物、硫氧化物的气体污染物和硫化物、无机酸碱盐、氟化物、氰化物、氨基酸、有机氯等水体污染物等尚未进入排污权市场的范围。

3.从市场主体看，大量服务业企业、中小企业、金融机构未能进入市场交易

碳排放权市场只包括工业排放，没有将服务业排放纳入市场。工业中只包括钢铁、电力、化工、建材、造纸和有色金属等能源消耗大户行业，众多"小户"没有涵盖。覆盖行业中重点排放单位的排放量仅占到了地区排放量的40%~60%，能耗行业中仍有20%~30%的碳排放量未纳入碳市场。[1]

碳排放权交易主要仍为企业间交易，金融机构和投资机构参与很少。节能量市场参与者只包括政府根据年度区域节能目标选择纳入节能量交易体系的单位范围。排污权交易以企业与政府间交易为主，企业间交易较少，投资机构、个人参与交易仍存在障碍。

（四）市场交易量小、活跃度低，长期有萎缩趋势

1.初始配额确定和分配不合理制约市场活跃度

市场供需受制于初始分配。以碳排放权为例，如果初始碳配额发放偏多，则用能主体没有提高能源利用效率的压力和动力，用能主体有配额结余，市场需求疲软。如果初始配额发放偏少，

---

[1] 王科，刘永艳. 2020 年中国碳市场回顾与展望［J］. 北京理工大学学报（社会科学版），2020，22（2）.

许多用能主体正常生产的排放需求难以满足，不得不在市场上大量购买，会导致碳排放权价格高企，加重用能主体负担，背离市场建设的初衷。

我国与国际社会、中央政府与地方政府、地方之间、政府与企业存在多重博弈，受经济、政治、环境、社会多重因素制约，初始配额的确定和分配难以达到科学合理的状态。

2.多数资源环境权益需要不断压缩总量或定额管控

碳排放权、排污权、用能权等要通过不断地减少权益总量，以达到减少温室气体排放、污染物排放和化石能源消费等目的。作为一个初始市场容量偏小、交易对象和市场主体范围有限、市场制度建设难度大、后期交易总量又人为不断压缩的市场，资源环境权益市场的建设与发展举步维艰。

此外，排污权交易仍以地方政府的一级分配为主，二级市场交易冷清。污染物排放权多源属、多区域的性质也导致市场无法准确衡量其价值，难以有效吸引投资者进入市场参与交易。

（五）试点市场"推而不广"、效果有限

1.环境权益交易经过多年试点始终面临"推而不广"的问题

权益交易仍然以区域性、行业性试点为主，排污权、用水权、节能量、用能权交易等仍选择部分省市区作为试点对象，绿色电力证书交易仍主要集中于电力行业。排污权、碳排放权、水权交易制度仍然以一级市场为主，二级市场发展相对滞后。

2.试点市场减排和价格发现作用比较有限

以碳排放市场为例，现阶段各试点市场的配额总量是依据重点排放单位的历史排放数据来计算均值并加总得出，没有与全国碳强度减排或碳排放达峰目标明确对应的严格总量上限。排放单位往往上报过高的配额需求，导致总量设置宽松，难以起到约束企业减排的作用，例如重庆2013—2017年的配额结余总量超500万吨。[1]

政府对碳市场的调节不够灵活，并非所有试点都能根据地区的经济形势与产能水平等的变化及时投放或收回配额，例如重庆碳市场配额总量的设定，简单遵循逐年持续下降的原则，缺乏灵活调整的机制。2015—2016年受宏观经济形势影响，重点排放单位的产量持续下降，导致市场配额大量结余；而2017—2018年随着去产能的推进，市场逐渐回暖，重点排放单位的产量有所上升，市场又出现了配额短缺的现象。

三、我国建设资源环境权益市场的政策建议

坚持市场在资源配置中的决定性作用，更好发挥政府在市场建设中的统筹规划、战略引导作用。坚持顶层设计与基层创新相

---

[1] 参考王科等人的作品《中国碳市场回顾与展望（（2022）》。

结合，坚持自主创新和开放合作相结合，分类施策、有序推进。到2035年，全面建成资源环境权益市场。

（一）着力优化顶层设计，理顺市场之间制度衔接

1.统筹考虑优化顶层设计

重点避免市场主体重复购买碳排放权、用能权、节能量等资源环境权益要素。以碳排放权市场为基础，逐步整合相关环境权益市场。推动节能量交易逐步过渡为基于能源消费总量管理下的用能权交易。

2.理顺制度衔接

重点理顺用能权交易、碳排放权交易、节能量交易之间的制度衔接。理顺试点区域与全国市场、国内市场与国际市场间的衔接机制。建立环境权益市场制度与其他政策手段的协调机制，重点完善排污权与环境税之间的协调机制，碳排放权交易制度与其他温室气体减排政策工具包括与温室气体自愿减排交易、碳汇以及消费侧减排措施间的协调机制等。健全生态环境部、国家发展改革委、财政部、水利部、工业和信息化部等主管部门之间的协作机制。

（二）加快完善资源环境权益市场基础制度

1.加快推动完善资源环境权益交易的初始确权

补充完善水权交易流转类型并明确相关权属，逐步实现取水权的有偿取得。在用能权初始确权过程中体现行业差异和企业个

体差异，以创造用能权配额的交易空间，不断创新和优化计量和确权方法。

2.建立科学规范的总量指标核定机制以及权益分配方法

科学量化核算地区排污权、用能权、碳排放权等权益总配额。坚持"适度从紧"的原则确定配额总量，对排污权市场，结合地区环境质量和容量来确定域内排污单位的许可排放总量的上限目标，同时根据行业、企业具体生产经营情况来规划年度减排任务并层层分解，从而实现排污权与地区环境容量的有效衔接，引导并激励控排企业积极投入减排实践。选择合理的定价方法和配额期限，推动排污权价格市场化。对碳排放权市场，加快推进排放总量控制作为约束性指标，明确配额总量上限。

3.着力提升我国对资源环境权益的统计、监测和确认能力

对碳排放市场，完善能源消费量及其碳排放因子等基础数据的统计和实测能力，提高碳排放数据核算的准确性与权威性，为配额总量设定和分配提供高质量依据。对排污权市场，制定全国统一的主要行业污染物排放量和环境污染价值量的核算方法和核定技术。

对用能权市场，建立健全用能权监测、报告、核查技术体系，制定统一的用能数据核算标准、指南、操作细则，统一用能数据报告格式，统一建设用能数据报送信息系统。建立第三方审核机构+政府监管机构抽查制度，保障用能数据的可比性和准确性。

（三）大力强化资源环境权益市场法律保障

1.适时开展国家层面的资源环境权益交易立法

制定用能权、碳排放权有偿使用和交易相关法律，明确用能权、碳排放权的法律地位，明确资源环境权益市场交易、监测、核查、信息公开和监管等法律责任。排污权交易重点在于健全总量控制、排污许可、应急预警、法律责任等方面法律法规。

2.制定用能权、碳排放权有偿使用和交易实施细则

加快完善控排企业的碳排放监测报告与核查制度、控排企业的管理和配额分配等制度规范。持续健全温室气体核算报告指南、控排企业碳排放报告指南、第三方核查机构管理办法、配额分配清缴履约、交易机构管理办法等配套细则。

（四）有序扩大市场交易范围、提高市场活跃度

1.不断创新和丰富交易对象

加快推动可再生能源、碳汇等优质产品纳入碳排放权市场。逐步探索将更多的污染物种类纳入排污权市场。

2.不断拓展市场主体和交易对象的覆盖范围

加快推动建筑业、交通运输、餐饮酒店、零售业等非工业行业，以及公共建筑等部门纳入碳排放权市场。逐步将服务业和农业企业纳入用能权市场。逐步将中小市场主体纳入资源环境权益

市场，优先引入机构投资者，逐步引入个人投资者进入市场，引入金融机构提升市场交易活跃度。

3.大力发展环境权益市场绿色金融产品和融资工具

丰富碳金融产品，在现货产品的基础上，增加环境权益基金、债券、抵押、托管、信贷等环境权益交易现货衍生品和远期、期货、期权、掉期等环境权益交易类的金融衍生品。

（五）加快建设全国统一的资源环境权益市场

1.建设全国统一的资源环境权益交易市场

加快构建跨区域乃至全国性的碳排放权、排污权、用水权交易市场，促进权益交易由地方向全国的过渡。加强对外开放以及与全球各碳市场的合作，协调中国与国际碳排放权交易机制间的差异，加快中国碳市场的国际化进程。

2.加快试点市场推广步伐

鼓励试点地区进行差别化探索、敢于创新，建立激励和容错机制。总结试点区域的宝贵经验和做法，特别是部分碳排放权交易试点地区在配额分配、定价机制、行业覆盖、交易规则等方面的创新实践。针对前期试点中出现的各类问题，优化政策设计、分类施策，逐步将资源环境市场由地方试点市场扩展为地区性、全国性交易市场。对前期试点时间相对较长、能力建设相对完备的制度，如排污权交易制度，要尽快突破试点区域"各自为战"的现状，加速建立全国统一的排污权交易市场。对部分试点时间相对较短、机制有待优化的制度，如节能量、用能权、用水权和绿色电力证书等交易制度，应进一步拓展试点的深度和广度，不断扩大试点的区域、行业或主体，完善框架机制，条件成熟后再全面铺开。

参考文献

程会强,李新. 四个方面完善碳排放权交易市场[J]. 中国科技投资,2009. 7.

刘航,温宗国.环境权益交易制度体系构建研究[J].中国特色社会主义研究,2018(2):84-89.

石玉波,张彬.我国水权交易的探索与实践[J].中国水利,2018(19):4-6.

王亚华,舒全峰,吴佳喆.水权市场研究述评与中国特色水权市场研究展望[J].中国人口·资源与环境,2017,27(6).

王科,李思阳.中国碳市场回顾与展望(2022)[J].北京理工大学学报(社会科学版),2022,24(2):33-42.

于天飞.碳排放权交易的制度构想[J]. 林业经济,5,2007.

于天飞,沈文星,黄喜. 碳排放权交易的市场分析[J]. 林业经济,5,2008.

于杰,周伟铎,蒋金星.排污权交易:理论引进与本土化实践[J].中国地质大学学报(社会科学版),2014,14(6):96-104.

王强,姜瑞,曾红云,等.中国污染物排污权交易发展及问题探析[J].环境科学与管理,2014,39(6):77-81.

Solomon,Lee,2000.Emissions Trading Systems and Environmental Justice [J]. Environment(4):32-46.

Stranlund,Chavez,Field,2002. Enforcing Emissions Trading Programs:

Theory, Practice, and Performance[J].Policy Studies Journal. Urbana(31):343−362.

Burtraw, Dallas,1996. The S02 Emissions Trading Program: Cost Savings without Allowance Trades [J].Contemporary Economic Policy. Huntington Beach(2):79−95.

Benkovie,Kruger,2001. Sulfur Dioxide Emission Trading Program: Results and Further Application[J].Water, Air and Soil Pollution(130):241−246.

Rosecrant,Binswancer,1994. Markets in tradable water rights: potential for efficiency wins in developing country water resource allocation[J]. World development,22(11):1613−1625.

Connell D,2015. Irrigation,water markets and sustainability in Australia's Murray−Darling Basin [J].Agriculture & agricultural science procedia,4:133—139.

Settre C,Wheeler S A,2016. Environmental water governance in the Murray−Darling Basin of Australia: the movement from regulation and engineering to economic−based instruments[C]// Handbook of environmental & sustainable finance:67−91.

Saliba B,Bush D B,1987. Water markets in theory and practice: market transfers,water values,and public policy[M].Westview Press.

Howe C W, Schumeier D R, Shaw W D, 1986. Innovative approaches to water allocation: the potential for water markets[J]. Water resources research,22 (4) :439−445.

Bauer C J,2004. Siren song: Chilean water law as a model for international reform[M].Washington D.C.: Resources for the Future.

Picram J J,1993.Property rights and water markets in Australia: an evolutionary process toward institutional reform[J].Water resources research,29 (4):1313−1319.

Howitt R E,1994. Empirical analysis of water market institutions: the 1991 California water market[J].Resource & energy economics,16 (4) :357− 371.

Easter K W, Rosecrant M W, Dinar A,1998. Markets for water: potential and performance [M].Springer Science &Business Media.

我国碳市场交易价格形成机制研究

郭　琎

内容提要： 碳市场交易价格是推动碳市场功能发挥的关键要素，其形成机制是碳市场发展中的核心问题。本章阐述碳市场交易基础制度，从理论层面探讨了碳配额供需变化对碳价形成及其变化的影响。在总结我国碳价运行特征的基础上，本章分析了市场机制、经济形势、能源价格、技术进步、意外冲击等对我国碳价的影响，并作出相应实证检验。通过上述研究，本章坚持碳市场设计与我国实际情况相结合，提出我国碳价机制改进与深化的设想。

在全球范围内，从《联合国气候变化框架公约》《京都议定书》到《巴黎协定》，国际气候协议和公约不仅为气候治理提供了道德基础、政治框架和法律依据，也为构建碳排放权交易体系（以下简称"碳市场"）奠定了制度基础。《京都议定书》赋予了碳排放权的商品属性，使其在市场中流通，成为一种稀缺性资源，碳市场应运而生。《巴黎协定》推动形成了2020年后的全球气候治理新格局，极大地促进了各国碳市场发展。截至2021年，全球共有34个碳市场（WB，2022）。

我国作为最大的发展中国家，为全球气候治理贡献了中国智慧、中国力量和中国经验。当前，我国碳排放总量大、强度高，一方面因受经济增长驱动，能源消费和碳排放将持续上升；另一方面因碳排放体量巨大，面临的减排压力也日益增长。因此，我国应对全球气候变化的挑战和复杂性是史无前例的。碳市场作为利用基于市场手段来实现低减排成本的政策机制创新，将在解决我国碳减排与经济发展之间的矛盾中发挥关键作用。

碳市场交易价格（指碳配额现货交易的价格，以下简称"碳价"）是推动碳市场功能发挥的关键要素，其形成机制是碳市场发展中的核心问题。

碳排放权作为一种特殊商品，其价格可视为碳市场发展状况信息的载体，价格趋势和波动将直接影响市场参与主体的预期和风险判断，更关乎碳市场的稳定运行和碳减排成效。

一、碳市场制度

碳市场人为地将生态环境要素以碳排放权的形式商品化，并通过法律强制力来保证其稀缺性，建立起市场交易价格信号，从而将经济活动产生的碳排放负外部性内生化（齐绍洲和禹湘，2021）。

对碳市场构建而言，通过对碳排放空间或排放量的确定，将碳排放负外部性问题转化成科斯定理下的碳排放权产权问题。

对碳市场参与者而言，在理性人决策和市场利益，即碳价的驱动下，自动解决过度排放问题。

（一）人为创造碳排放权的稀缺性

碳排放量的稀缺性产生于生态环境容量的稀缺性。世界经济论坛（WEF）认为，"气候危机（或气候行动失败）是人类面临的最大的长期威胁"已在全球形成共识，人类生存发展所面临的极端天气、生物多样性被破坏、自然资源危机、人为环境破坏、非自愿移民和地缘政治失序等长期风险都与气候危机相关（WEF，2022）。

限制和减少碳排放是人类应对气候变化的必要手段，在这种情况下，碳排放权成为稀缺性资源。碳排放权的稀缺性随着碳排放量的不断增大及生态环境的不断恶化而日益显著。

在碳排放总量既定的基础上，碳排放权具有交易的价值；通过碳市场交易，能够达到控制碳排放总量的目标。

在实践中，各国政府纷纷设定了各自的碳减排目标，这使得碳排放权形成了有限供给，造成其稀缺性；也由此产生了经济活动主体对碳排放权的需求，形成相应的碳排放权交易价格。

（二）利用市场机制解决碳排放的负外部性

由于碳排放存在负外部性，社会生产成本与私人生产成本相背离，市场自由竞争，即生产者的利润最大化行为并不能自动导致资源的帕累托最优配置，也不能自动实现社会福利最大化。

围绕负外部性产生的市场交易所形成的价格，在理论上与外部性成本相一致。Coase（1960）根据其产权思想提出了排污权的概念，将其视为一种生产要素，并通过明确排污权的归属，不同排污主体之间就排污权进行交易，通过市场实现对排污权的定价，这一价格能够将污染物排放的外部成本内部化。

各国纷纷建立不同污染物的排放权交易市场，并制定了相配套的排污权交易制度，碳市场是其中之一。

（三）通过碳配额分配与交易建立价格信号

基于稀缺性理论、外部性理论和科斯定理，解决外部性的市场交易所形成的价格,在理论上与该外部性成本或收益相一致。碳市场运行及碳价形成的基本机理如下。

一是人为创造和初次分配(一级市场)具有稀缺性的碳排放权。在国家(或区域)界定纳入碳市场的行业、企业等范围,并针对其设定允许的碳排放总量上限或碳减排量下限。控排主体所允许的碳排放量以碳配额(即碳排放权)的形式予以确认,碳配额的初次分配通过政府免费发放、公开拍卖或二者混合等方式进行。

二是碳配额进入市场交易(二级市场),建立碳市场交易价格信号。控排主体以所持有的初始碳配额为其碳排放量的上限,与其自身实际碳排放需求、碳汇和碳信用抵消量等进行对比,以确定碳配额的盈余量或缺口量。超排主体因超过其碳配额的上限,形成碳超排量或碳配额缺口量,需要从碳市场购入一定数量的碳配额以完成履约;而减排主体因未达到其碳配额的上限,形成碳减排量或碳配额盈余量,可在碳市场上进行出售以获得收入。碳市场供需双方由此产生,通过碳配额交易形成碳价。

(四)碳市场与碳税的比较

通过碳市场和碳税均能实现碳定价,二者均遵循"污染者付费"原则,通过价格信号将碳排放成本纳入经济决策,使碳排放的负外部性内部化。如此,能进一步地鼓励全社会改变生产和消费方式,达到减少碳排放的目标(WB,2017)。

碳市场和碳税具有成本效益,并激励创新,体现为减少碳排放、节约减排成本和激励产出、低碳创新（ICAP，2019；WB，2021）。二者差别在于，碳市场通过碳排放总量或碳减排量控制来确定总的碳排放量，碳价则根据碳市场的供需情况变化。而碳税通过税率形成的"碳价"较为稳定，但碳减排量或碳排放量不确定，通常采取定期增加碳税的举措来确保碳减排目标实现（WB，2021）。

与碳税相比，碳市场灵活性较高。在碳市场设计中，包含碳信用抵消机制、配额储存和有限的预借等规定，能够使控排主体更加自由地选择碳减排途径和履约时间（CIAP，2019）。基于碳市场，能够衍生出碳期货等碳金融市场。

不同区域或国家的碳市场之间能够进行连接，《京东议定书》创建了国际碳灵活机制，以促进全球碳减排。碳税则通常沿用本国（当地）已有税收制度的相关渠道，无须建立新的市场交易基础设施，更容易实施但缺乏灵活性和国际延展性（CIAP，2019）。二者优劣比较如表1所示。

表1　碳市场与碳税的优劣比较

项目	碳市场	碳税
优势	1.碳排放量或碳减排量明确 2.市场机制设计灵活，具有解决全球碳减排问题的潜力 3.能够吸引非控排主体参与市场，资源配置效率高	1.机制简单、容易实施，管理和运行成本较低 2.税率（碳价）稳定，能增加政府收入，可用于低碳技术创新（双重红利）

（续表）

项目	碳市场	碳税
劣势	1.人为设计、政府控制的市场 2.监管成本和道德风险较高 3.碳价波动不确定性强 4.存在潜在的金融风险	1.新税种出台和调整程序严格，具有一定的时滞，并且通过自上而下的方式调控，灵活性较差 2.通过碳税影响碳排放量或碳减排量，减排效果存在不确定性 3.缺乏超国家的征税机构，不能解决全球碳减排问题 4.存在碳税实施国产业外流的风险

资料来源：作者整理。

二、碳价的形成机制

碳价主要受碳配额供需关系的影响，出于平抑碳价过度甚至异常波动的实际需要，全球所有碳市场都具有价格或配额供给调整机制。

（一）碳配额的供给与需求

碳配额的供给主要来源于政府初次分配和控排主体的碳配额盈余，供给总量有限。其中，政府分配的碳配额主要集中在一级市场，构成碳配额的供给总量；在二级市场中，因稳定碳价需要可进行再次发放或回购。

影响政府碳配额供给的首要因素是碳减排目标。在强减排目标下，碳配额供给总量趋紧；反之则宽松。实际上，欧盟、北美、日等碳市场中的碳配额总量不断趋紧。其次是稳定碳价的需要。

在二级市场，控排主体所交易的碳配额供给来源于其碳配额盈余。控排主体在权衡边际减排成本与碳价、碳配额的储存和借贷、碳排放抵消机制等多重因素的基础上，能够在碳市场上进行交易的碳配额形成市场供给（齐绍洲和禹湘，2021）。受限于一级市场碳配额总量，这部分碳配额的供给量有限。

碳配额的需求主要来源于控排主体的履约要求，影响因素主要包括：控排主体边际减排成本与碳价的对比、碳排放抵消机制，以及控排主体违约成本与碳价的对比。一般而言，碳市场违约成本高于控排主体购买碳配额以实现履约的成本。以韩国碳市场为例，控排主体违约将遭受高于碳市场平均交易价格3倍的罚金处罚。

考虑碳市场的金融属性，投资者以碳配额为交易标的，在高价位卖出的碳配额形成市场供给，在低价位需买入的碳配额则形成市场需求。碳价预期及能源、气候相关政策是影响投资者行为的重要因素。

（二）碳价稳定机制

政府为应对碳价过度甚至异常波动风险所采取的稳定措施主要分为以下两类。

一是设置价格涨幅跌幅限制或价格上下限，对稳定和平抑碳价波动及引导预期有较强的作用（郑爽和孙峥，2017）。在实践中，美国区域温室气体减排计划（RGGI）、东京都碳市场，以及我国全国和试点碳市场均通过限制碳价涨跌幅度来应对价格波动风险。

二是调节碳配额供给量，指政府根据碳配额供应量的富余或稀缺程度，向碳市场回购或再次发放碳配额的调控方式（郑爽和孙峥，2017）。美国加州碳市场、加拿大魁北克碳市场、欧盟碳市场均建立了价格控制储备机制。

在我国，除建立上述价格控制储备机制外，湖北碳市场规定控排企业年度碳排放量与初始碳配额相差20%以上或者20万吨以上的，对差额部分收缴或免费追加，以此来间接调节碳配额的市场供需（郑爽和孙峥，2017）。

三、我国碳价运行特征

我国试点碳市场和全国碳市场均为"总量–交易（cap & trade）"模式。我国全国碳市场交易价格受履约需求驱动明显，短期内上升后走势平稳。试点碳市场交易价格趋势、水平和波动幅度的地区差异明显。与国际主要碳市场相比，我国碳价处于较低水平。

（一）全国碳市场交易价格受履约需求驱动明显

全国碳市场第一个履约周期流动性不稳定，呈现明显履约需求驱动，碳价总体波动幅度较小。市场活跃度在履约期达到高峰，成交量和成交价均出现上涨。2021年12月日均成交价从月初42元/吨上涨到月末最高53元/吨。2022年1月1日至2023年3月31日，绝大部分交易日碳价稳定在55～60元/吨，少部分交易日碳价下跌至40～50元/吨，价格波动幅度集中在±5元/吨之间。

（二）试点碳市场交易价格运行趋势不一

如表2所示，各试点碳市场陆续运行以来，碳价水平、波动和趋势差异明显。截至2023年3月31日，北京和深圳的碳价最高超过120元/吨，广东、重庆和深圳的碳价最低约为1元/吨。北京、广东和深圳的碳价波动较为剧烈，日均成交价极差在100元/吨、标准差约为20。

表2 试点碳市场交易价格的描述性统计分析

（日均成交价，截至2023年3月31日；单元：元/吨）

试点碳市场	观测值	平均值	最大值	最小值	中位数	众数	极差	标准差
北京	1373	67.46	149.00	24.00	53.94	53.00	125.00	20.44
湖北	2113	25.14	61.89	9.38	25.63	23.73	52.51	10.51

（续表）

试点碳市场	观测值	平均值	最大值	最小值	中位数	众数	极差	标准差
广东	1966	24.84	95.26	1.27	24.16	15.00	93.99	22.63
天津	852	26.01	62.37	7.00	25.09	25.00	55.38	6.39
福建	884	21.75	42.28	7.19	20.99	20.00	35.09	7.73
上海	1430	32.82	63.00	4.21	38.74	40.00	58.79	12.84
重庆	797	9.38	49.00	1.00	17.50	1.50	48.00	13.54
深圳	2107	25.84	122.97	1.00	30.58	80.00	121.97	19.59

注：碳价平均值为碳市场运行以来的累计交易额/累计交易量。
数据来源：Wind数据库；剔除非交易日和无交易数据。

（三）与国际主要碳市场相比，我国碳价处于较低水平

受政策驱动、市场投机性行为增加、全球能源价格上涨等因素影响，推动了全球各国碳市场交易价格的普遍上涨。2021年，欧盟、瑞士、美国加利福尼亚、加拿大魁北克、新西兰的碳市场交易价格都达到了历史最高价（WB，2022）。但目前，大多数碳市场交易价格仍尚未达到世界银行碳价格高级别委员会报告（2017年）所建议的2020年碳价走廊（40～80美元/吨）水平（WB，2017）。

比较2021年主要碳市场的平均碳价[1]，我国碳价水平较低。英国、欧盟、瑞士的碳价位列前三，均在50美元/吨以上。新西兰、德国、加拿大新斯科舍、加拿大魁北克、美国加利福尼亚州

---

[1] 各个碳市场对外公布的碳价口径存在差异，包括固定分配价格、拍卖价格、现货价格、期货价格等。由于碳价口径及不同市场在制度设计、供需等方面的不同，各碳市场的价格差异悬殊。不过，各种口径的碳价一定程度上都代表了该地区的碳排放成本，因此仍可大体上进行对比。

碳市场，碳价在20美元/吨以上。韩国碳市场和美国区域碳污染减排计划（RGGI）的平均碳价分别为17.2美元/吨和10.6美元/吨。美国马萨诸塞州、中国（7.2美元/吨）、日本东京、哈萨克斯坦等碳市场的碳价则较低，在10美元/吨以下。如图1所示。

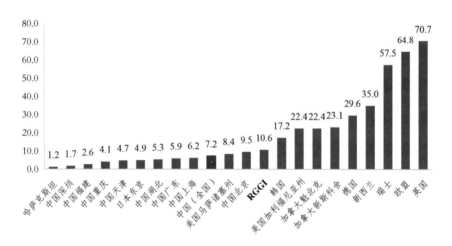

图1 2021年部分碳市场价格比较（美元/吨）

数据来源：ICAP。

注：瑞士、英国、RGGI（区域温室气体减排行动）、美国加利福尼亚州、加拿大新斯科舍、加拿大魁北克、美国马萨诸塞州为一级市场平均拍卖价格，德国为固定分配价格，欧盟为碳期货价格，哈萨克斯坦、新西兰、韩国、中国全国及各试点碳市场为现货价格。

四、我国碳价的影响因素分析

碳市场运行受到一系列因素的综合影响，碳价呈现风险性、复杂性特征。如前所述，碳价由碳配额的供需情况决定，综合已有文献研究，碳配额的供需主要受到市场机制、经济形势、能源价格、技术进步，以及疫情、战争、政策变化和极端天气等意外冲击的影响。

（一）市场机制

1.基于"强度"的碳配额总量目标制定

基于"强度"的碳配额总量目标制定灵活，有利于稳定碳价；但容易驱动履约期交易活跃。在碳配额的总量目标设定上，全国和地区的碳排放目标以"碳排放强度"计算，而碳市场则需要明确规定碳排放绝对值并发放碳配额。

在这一基于"强度"的碳市场中，碳配额的总量目标取决于控排主体在履约期内设定的行业碳排放绩效基准及其实际生产活动水平，控排主体可以通过调整履约期内的生产决策来决定可获得的配额量。一方面控排主体有动力开展减排活动；另一方面排放强度高的控排主体因面临较大的成本竞争压力将考虑减少产量，排放强度低的控排主体则可能提高产量（Burtraw等，2012；Pizer和Zhang，2018）。

由于控排企业可获得的配额量与实际产出相关，经济繁荣时期将发放更多的配额，经济衰退时期将缩紧配额的发放量。这一灵活的碳配额总量机制有助于在经济快速增长时期控制整个体系的成本，以降低配额紧缺带来的碳价波动和减排压力；同时，也能够避免经济萧条时期发放过多配额，降低碳市场失效的风险

（张希良，2021）。

但是，也正由于控排企业可获得的配额量与实际产出相关，在临近履约期时，控排主体才能够明确可交易和需购买的碳配额量，从而导致履约期交易集中，成交均价和交易量均波动上涨。

2.碳配额总量及分配方式

碳配额总量宽松，碳配额以免费分配为主，容易导致碳价疲软。全国和试点碳市场运行初期的配额总量较为宽松，且碳配额以免费分配为主。从试点碳市场情况来看，各试点年度的碳配额供给大于需求约1%～10%，碳价在2013—2016年年均下降24%，从而导致碳市场流动性低，降低了其有效性。

我国现阶段以免费分配碳配额为主的方式在一定程度上减轻了控排主体的减排成本负担，但更容易造成碳配额的总量宽松，也降低了碳配额的稀缺性特征。一方面，免费分配存在对高排放企业过度补偿的可能，有悖于污染付费原则，可能会扭曲市场价格，降低市场效率（Hintermann，2011）。另一方面，由于免费获得的碳配额能够直接用于控排主体履约而不进入碳市场交易，在一定程度上使控排主体对碳排放权的价值认识不足，影响了碳配额的稀缺性，进而造成市场疲软、碳价疲软（Burtraw和McCormack，2017）。

相较于免费分配方式，公开拍卖的分配方式虽然会给控排主体带来较重的减排成本负担，但具有更准确的价格信号、更强透明度的优点，能够有效提高碳市场效率，避免碳配额的分配过剩和价格扭曲（Cramton和Kerr，2002）。

目前，我国试点碳市场中少量碳配额采取公开拍卖的分配方式。广东碳市场预留3%的碳配额总量用于公开拍卖，北京和深圳的碳配额公开拍卖比例为5%，湖北该比例较高，为10%。

3.碳配额跨期交易机制

全国碳市场中，碳配额的跨期管理政策不明确，碳价的信号作用发挥有限。碳配额大规模或停滞跨期流动、碳信用大规模抵消将对碳市场的供给或需求造成冲击，从而打破稳定的碳价预期、引致碳价偏离合理运行区间。控排主体的碳配额盈余或缺口形成二级碳市场的碳配额供需。

碳配额的储存和借贷机制为控排主体提供了市场风险管理工具，但也成为不同时期碳配额的替代性供给或需求。

此外，可用于抵消碳排放的碳信用，也在一定时期对控排主体碳配额的供给和需求产生影响。控排主体能够在一定期限内不以碳配额进行履约，以降低履约成本。

实践中，我国试点碳市场对碳配额的跨期流动管理和碳信用抵消机制设定谨慎。但全国碳市场中的碳配额跨期流动管理和碳信用抵消机制尚不明确。这一政策的不确定性叠加碳配额供给整体宽松，碳排放监测、报告与核查（MRV）体系初步建立，碳金融等其他避险工具选择有限的市场环境，更易造成碳市场预期不稳，碳价信号在管理风险、引导投资、稳定预期等方面的关键作用发挥有限。如表3所示。

表3　我国试点碳市场的碳信用抵消机制设定

试点碳市场	碳信用产品	碳信用抵消比例
北京	CCERs、节能项目减排量、林业碳汇减排量	不得高于当年碳配额数量的5%，其中来自京外项目产生的抵消量不得超过2.5%
上海	CCERs	不得高于当年实际排放量的5%
天津	CCERs	不得高于当年实际排放量的10%
深圳	省内CCERs	不得高于当年实际排放量的10%
广东	省内CCERs、省内林业碳汇	不得高于当年实际排放量的10%
湖北	省内CCERs	不得高于当年实际排放量的10%
重庆	林业碳汇	不得高于当年实际排放量的8%

资料来源：作者整理。

（二）经济发展

1.影响机制

经济发展主要通过影响控排主体的碳配额需求，进一步影响碳市场的交易价格。

一是在经济增长总量层面，经济形势向好，控排主体经济活动活跃，能源消费增加，碳排放量和碳配额需求增加，从而推动碳价上涨；反之亦然。郭文军（2015）以深圳试点碳市场为例，实证研究结果表明，国内经济形势向好则推高碳价。而试点碳市场所在省市经济增长承压、结构调整等致使试点碳市场纳入的控排主体产量下降、排放减少，造成原本宽松的碳配额总量进一步过剩，加剧碳价下跌（郑爽和孙峥，2017）。也有研究表明，经济发展越快，碳市场流动性越高，交易量越大，碳价将倾向于更低（汪中华和胡垚，2018）。

二是在经济发展结构层面，由于不同产业的碳强度存在差异，在工业生产力上升阶段，碳排放增加，控排主体碳配额的需求增强而推动碳价上升（彭晓洁和钟永馨，2021）。随着产业结构向以第三产业为主转型，控排主体的覆盖范围改变，整体碳配额的需求减弱而导致碳价趋于平稳甚至下降。

三是考虑经济发展阶段和转型的影响，结合碳排放库兹涅茨曲线，Lin和Xu（2021）研究发现，我国实体经济发展对碳价具有"倒U形"非线性影响。这意味着长期的经济绿色低碳转型发展将降低控排主体的碳排放和碳配额需求，碳价存在走低趋势。

2.影响估计

为进一步探究我国整体经济形势和工业经济形势对碳价的影响，本文采用沪深300指数（CSI300）和上证工业指数（industry）分别刻画整体经济形势和工业经济形势，采用向量自回归（VAR）模型估计以上两个变量对全国碳市场成交均价（price）的影响。上述变量序列中均含有波动项和单位根，采用HP滤波得到各变量趋势项，并对各变量取对数一阶差分以消除单位根，同时赋予变量"变化率"的经济含义。相关变量的描述性统计特征，如表4所示。

持续深化要素市场化改革研究

表4　相关变量描述性统计

变量	单位	观测数	平均值	标准差	最小值	最大值
碳价（price）	元/吨	372	53.69	6.14	40.29	58.78
沪深300指数（CSI300）	点	372	4378.10	432.88	3688.16	5072.80
上证工业指数（industry）	元	372	3122.63	3122.63	2771.91	3487.99
碳价变化率（D.price）	%	371	0.000116	0.004016	−0.009516	0.015297
沪深300指数变化率（D.CSI300）	%	371	−0.000520	0.002226	−0.004625	0.004377
上证工业指数变化率（D.industry）	%	371	−0.000257	0.002222	−0.004246	0.004813

estimate估计结果表明，我国整体经济形势和工业经济形势向好，将推动碳价上涨，并且这一影响在短期内增大后逐渐衰弱。具体而言，沪深300指数变化1%，将导致碳价同方向变动0.25%；上证工业指数变化1%，将导致碳价同方向变动0.17%。

从脉冲响应分析来看，短期内，沪深300指数变化对碳价变化的正向影响在14或15日达到峰值，沪深300指数变化一个标准差（单位）的冲击，造成碳价变化最大幅度为0.000155个标准差（单位）；此后，该影响逐渐衰弱。上证工业指数变化对碳价变化的正向影响在30或31日达到峰值，上证工业指数变化一个标准差（单位）的冲击，造成碳价变化最大幅度为0.000162个标准差（单位）；此后，该影响逐渐衰弱。沪深300指数冲击与上证工业指数冲击对碳价的影响相比，碳价对上证工业指数冲击的响应达到峰值所经历时间较长，而衰弱较快。如图2所示。

冲击变量：D.CSI300；响应变量：D.price   冲击变量：D.industry；响应变量：D.price

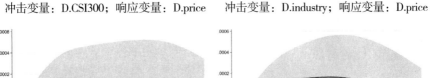
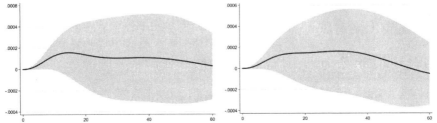

图2　经济形势变量冲击对碳价的影响

说明：脉冲响应已正交化处理，区间为95%置信区间；横轴为观测时期，纵轴为响应强度。

（三）能源价格

1.影响机制

能源市场与碳市场关联紧密。能源消费是碳排放的主要来源。能源消费行为，特别是控排主体对不同能源品需求的转移，与能源价格密切相关。因此，能源价格在一定程度上影响碳价。但是，受能源消费结构、能源消费与能源价格关系、其他相关市场（如资本市场、汇率市场等）的影响，能源价格与碳价的关系复杂、尚未明确。

在我国，石油和天然气价格对试点碳市场的交易价格产生较强的正向影响（郭文军，2015；汪中华和胡垚，2018）。一方面，油气价格上涨引发煤炭需求替代，从而产生更多的碳排放量和碳配额需求，推高碳价；另一方面，油气等国内外大宗商品市场活跃及波动将对我国碳市场产生溢出效应。Lin和Xu（2021）研究发现，煤炭价格对碳价具有"倒U形"非线性影响。这意味着，煤炭价格的上涨将有助于控排主体转向其他低碳能源消费。而从长期来看，能源转型加快降低经济活动的碳排放和碳配额需求，进而倾向于稳定和降低碳价。然而，也有研究认为，由于我国目前碳市场所覆盖的电力等高排放行业的燃料替代性较低，煤炭价格从2012年的顶峰到2016年下跌了65%，与试点碳市场的整体碳价趋势相同；缺乏证据证明我国碳市场的交易价格与能源价格具有

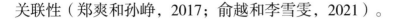

关联性（郑爽和孙峥，2017；俞越和李雪雯，2021）。

2.影响估计

考虑全国碳市场仅纳入发电行业，以及国内外大宗商品市场能源价格、关联市场之间的溢出效应，为进一步探究能源价格波动对我国碳价的影响，本文采用郑州商品期货交易所的动力煤期货结算价（coalprice）、大庆油田原油现货价（oilprice）、WTI原油期货结算价（WTIprice）和纽约商业交易所天然气期货收盘价（gasprice）等来分别刻画国内煤炭价格、国内原油价格、国际原油价格和国际天然气价格，采用向量自回归（VAR）模型估计以上能源价格变量对全国碳市场成交均价（price）的影响（如表5所示）。上述变量序列中均含有波动项和单位根，采用HP滤波得到各变量趋势项，并对各变量取对数一阶差分以消除单位根，同时赋予变量"变化率"的经济含义。相关变量的描述性统计特征如表5所示。

估计结果表明，能源价格波动普遍对碳价的变化产生影响。国内煤炭价格波动对碳价的变化有负向影响，而国内外油气价格波动则对碳价的变化产生正向影响；并且此类影响在短期内增大后逐渐衰弱。具体而言，国内煤炭价格变动1%，将导致碳价反方向变动0.05%；换言之，国内煤炭价格上涨（下跌），则碳价承受下行（上行）压力。由于我国全国碳市场仅纳入发电行业，燃料可替代性较低。煤炭价格负向影响煤炭需求量、发电量，进而影响控排主体的碳排放量和碳配额需求，导致碳价的反方向变

表5　相关变量描述性统计

变量	单位	观测数	平均值	标准差	最小值	最大值
碳价（price）	元/吨	372	53.69	6.14	40.29	58.78
国内煤炭价格（coalprice）	元/吨	372	929.26	199.70	710.60	1688.84
国内原油价格（oilprice）	元/桶	362	579.38	102.96	409.23	767.11
国际原油价格（WTIprice）	元/桶	369	579.76	94.75	435.14	778.21
国际天然气价格（gasprice）	元/百万英热单位	356	39.03	11.58	18.12	62.00
碳价变化率（D.price）	%	371	0.000116	0.004016	-0.009516	0.015297
国内煤炭价格变化率（D.coalprice）	%	371	-0.000626	0.009752	-0.029680	0.024265
国内原油价格变化率（D.oilprice）	%	362	0.000551	0.005170	-0.009414	0.011251
国际原油价格变化率（D.WTIprice）	%	368	0.000416	0.005031	-0.009001	0.009618
国际天然气价格变化率（D.gasprice）	%	355	-0.000925	0.013141	-0.047902	0.019296

动。对于国内外大宗商品市场能源价格、关联市场之间的溢出效应，国内原油价格、国际原油价格和国际天然气价格变动1%，将分别导致碳价的同方向变动0.08%、0.08%和0.04%。

从脉冲响应分析来看，短期内，国内煤炭价格变化（期货价格）对碳价变化的负向影响在47～48日达到峰值，国内煤炭价格变化一个标准差（单位）的冲击，造成碳价变化的最大幅度为0.000383个标准差（单位）；此后，该影响逐渐衰弱，这一冲击响应的衰退速度较其扩大的速度更快。国内石油价格变化（现货价格）对碳价变化的正向影响在19～20日达到峰值，国内石油价格变化一个标准差（单位）的冲击，造成碳价变化的最大幅度为0.000252个标准差（单位）；此后，该影响逐渐衰弱。国际石油价格变化（期货价格）对碳价变化的正向影响在第20日达到峰值，国际石油价格变化一个标准差（单位）的冲击，造成碳价变化的最大幅度为0.000247个标准差（单位）；此后，该影响逐渐衰弱。由于国内外原油价格水平和波动均相差无几，因而碳价对国内外原油价格冲击的响应大体一致。国际天然气价格变化（期货价格）对碳价变化的正向影响在第18日达到峰值，国际天然气价格变化一个标准差（单位）的冲击，碳价变化的最大幅度为0.000258个标准差（单位）；此后，该影响逐渐衰弱。上述内容如图3所示。

冲击变量：D.coalprice；响应变量：D.price   冲击变量：D.oilprice；响应变量：D.price

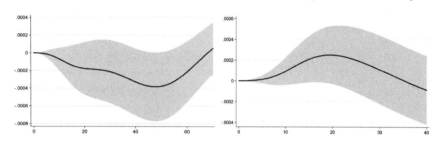

冲击变量：D.WTIprice；响应变量：D.price   冲击变量：D.gasprice；响应变量：D.price

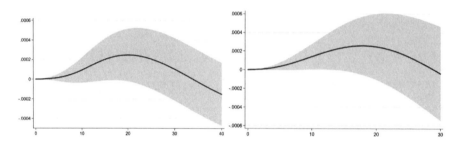

图3　能源价格变量冲击对碳价的影响

说明：脉冲响应已正交化处理，区间为95%置信区间；横轴为观测时期，纵轴为响应强度。

（四）技术进步

控制碳排放增量和减少碳排放存量的绿色低碳技术可以促进控排主体的碳排放量和碳配额需求下降，碳价有望保持稳定、甚至走低。理论上，碳减排的边际成本是碳价形成的基础，随着绿色低碳转型不断深化、碳市场不断发展，控排主体乃至全社会的碳减排空间减小、碳减排的边际成本提高，碳价长期上升（郑爽和孙峥，2017）。

而技术进步通过降低控排主体的碳减排成本，促进控排主体的碳排放量和碳配额需求下降，成为间接导致碳价稳定、甚至下降的主要因素（李建涛等，2021；彭晓洁和钟永馨，2021）。

全社会实现碳减排的主流技术前沿，依次是节能技术、清洁能源技术和碳捕捉碳封存技术等。随着相关技术进步和技术成本降低，能源利用效率便越有望达到更高水平（节能技术），清洁能源的使用范围、使用程度及使用成本也可以实现不同程度增减（清洁能源技术），已产生的碳排放也能够得到高效妥善处置（碳捕捉碳封存技术），控排主体的碳排放量和碳配额需求随之减少，从而驱动碳价下行。

（五）意外冲击

疫情、战争、政策变化、极端天气等冲击，主要通过影响经济活动总量和生产方式、能源消费总量和结构，以及资本投资等，对碳价产生不可预期的影响。目前，我国碳市场受此类冲击的影响有限。

1.疫情影响

疫情导致生产活动减缓甚至停滞，控排主体相应的碳排放量和碳配额需求降低，推动碳价下行。同时，经济增长预期下滑、资本市场疲软带动碳市场的相关投资的避险情绪，碳配额的供给增加，也推动碳价下行。新冠疫情初期，欧盟碳市场交易价格于2020年3月暴跌40%。

2.战争影响

乌克兰危机爆发以来，国际石油、天然气、煤炭和电力等能源价格曾剧烈波动上涨，包括欧盟、英国、北美、新西兰等在内的碳市场出现碳配额抛售，碳价看跌预期走强。其影响机制包括：油气价格普遍上涨，能源转型紧迫和经济活动低迷并存，控排主体对碳配额的需求减少；碳市场投资者通过出售碳配额转移资本，碳配额的供给增加，从而导致碳价下行。此外，地缘政治危机影响碳市场的投资者情绪，碳市场交易疲软，投资者的避险情绪增加。

3.政策变化影响

碳市场容易受到政策性事件的影响。2013年1月，欧盟否决了一项旨在通过延迟部分碳配额入市的碳价支持计划，随即欧盟碳市场的交易价格在短时间内暴跌40%。对新能源发展和绿色科技创新等政策支持，能够形成降低碳减排成本和鼓励绿色低碳发展的预期，碳价趋于下行（Blyth等，2009）。

4.极端天气影响

碳市场是温度敏感型市场。气温、甚至极端天气直接影响能源消费，进而对碳价产生影响（Mansanet等，2007）。其影响机制为：气温（极端）变化往往会导致企业或居民对供暖（或制冷）的需求急剧增加，而支持这一需求的能耗也将随之增加，致使电力、供暖等行业的碳排放量和碳配额需求增加，碳价具有上升驱动力。

五、我国碳价机制改进与深化设想

我国碳市场处于不断发展完善的进程中，坚持碳市场设计与我国实际情况相结合，基于碳价形成变化、运行特征及其影响因素分析，提出防范我国碳价剧烈波动、发挥其市场信号作用的相关建议。

（一）科学制定碳配额总量目标

政府制定的碳减排目标和相应的碳配额总量供给是碳市场健康、稳定运行的基础。

一是全国碳市场建设需要打好数据基础。科学核算全社会、各行业、各部门和各控排主体的碳排放量，提高数据质量。碳排放核算指南需覆盖更全面的行业和部门，也需针对不同行业和地区进行更加细化的规定，包括参数选取、核算步骤、报告格式等。

二是在发电行业的碳配额现货市场平稳、有效运行的基础上，逐步扩大行业覆盖范围和交易品种。重点覆盖高排放、高能耗、高减排潜力的行业和企业，全国碳市场分批扩大覆盖石化、化工、建材、钢铁、有色金属、造纸和国内民用航空等行业；试点碳市场积极探索将轻工业、服务业以及大型公共建筑纳入控排范围。注重二氧化碳减排带来的其他温室气体和大气污染物排放减少的协同效应，在数据基础夯实后，碳市场的覆盖气体逐步扩大到多种温室气体。

三是运用科学的理论和方法制定碳配额总量，避免政府的碳配额供给过紧或过剩。短期考虑我国经济发展阶段实际，延续基于"强度"的碳配额总量目标制定。长期考虑我国控排主体履约需求强劲、碳市场交易集中于履约期的特征，要从基于"强度"的碳市场逐步过渡到基于"总量"的碳市场，充分发挥碳市场的约束和激励的双重作用。

（二）政府合理分配和管理碳配额

合理分配和管理碳配额，并利用配额调节机制进行碳市场供给的动态调整，使碳价在合理区间运行。

一是在分配方法上，采用基准法分配可以在提高碳减排效率的同时避免"鞭打快牛"，但对碳排放的数据质量和"基准"建立的科学性提出更高要求。"基准"的无差别的单位活动碳排放核算体系亟待建立完善，并持续动态调整。

二是在分配方式上，随着碳市场运行成熟，逐步扩大有偿分配比例，过渡到以拍卖为主的一级市场交易模式。通过拍卖等市场机制来发现碳配额价格，有利于树立控排主体的碳排放成本和资源有偿意识，并为二级市场提供价格信号。

三是在价格调控上，充分发挥价格控制储备机制作用，科学运用回购、逆回购、定向发放等方式来调节碳配额供给，平抑碳价异常波动。

（三）完善碳配额跨期交易机制设计

碳配额跨期管理不仅是控排主体对冲市场风险的需要，也是发现碳价、跨期平滑碳价波动的重要措施。

一是结合我国碳配额的总量目标和控排主体的减排激励政策，审慎运用碳配额储存、借贷机制和碳金融工具。引入跨期交易、碳银行和碳金融衍生品交易，推动碳市场的投资者参与碳市场，为碳市场完善交易产品体系、丰富市场交易主体、提升交易活跃度创造条件。我国试点碳市场已出现的碳配额储存、借贷机制和碳金融工具尝试，对于效果较好的可推广到全国碳市场。

二是严格谨慎地设计碳排放抵消机制，明确规定可用于抵消的碳信用数量、类型、期限等限制条件，避免过度的碳排放抵消导致碳配额的供给过剩而对碳价造成冲击。

（四）健全碳价监测预警系统

碳价受多重市场内外部因素影响，呈现风险性、复杂性特征。

一是聚焦我国碳价运行和波动特征，充分研究各类风险诱发因素对碳价的影响机制、影响大小和影响时效，根据不同风险来源实行分类监测管理。

二是积极运用大数据、人工神经网络、机器学习等先进技术方法，建立科学的碳价异常波动识别度量、风险评级和预警响应机制。

三是完善专业化的碳价风险管理体系，明确政府价格监测、预警和调控的主体责任；压实碳交易所的市场监控、信息反馈的基础作用，建立各交易所之间的风险联动、信息共享机制；未来，发挥金融机构等碳市场投资者风险监控的辅助功能。

参考文献

郭文军.2015.中国区域碳排放权价格影响因素的研究——基于自适应Lasso方法[J].中国人口·资源与环境,(5):305-310.

李建涛,姚鸿韦,梅德文.2021.碳中和目标下我国碳市场定价机制研究[J].环境保护,(14):24-29.

彭晓洁,钟永馨.2021.碳排放权交易价格的影响因素及策略研究[J].价格月刊,(12):25-31.

齐绍洲,禹湘.2021.碳市场经济学[M].北京:中国社会科学出版社.

汪中华,胡垚.2018.我国碳排放权交易价格影响因素分析[J].工业技术经济,(2):128-136.

俞越,李雪雯.2021.我国碳交易市场碳价影响因素分析[J].金融纵横,(11):14-20.

张希良.2021.中国特色全国碳市场设计理论与实践[J].管理世界,(8):80-94.

郑爽,孙峥.2017.论碳交易试点的碳价形成机制[J]中国能源,(4):9-14.

Blyth, et al., 2009. Policy Interactions, Risk and Price Formation in Carbon Markets[J]. Energy Policy,37(12): 5192-5270.

Burtraw, Fraas.Richardson, 2012. Tradable Standards for Clean Air Act Carbon Policy[J]. The Environmental Law Reporter, 42 (4): 10338-10345.

Burtraw, McCormack, 2017. Consignment Auctions of Free Emissions Allowances[J]. Energy Policy, 107: 337−344.

Coase,1960. The Problem of Social Cost[J]. The Journal of Law and Economics, 3 (4): 837−877.

Cramton, Kerr, 2002. Tradeable Carbon Permit Auctions: How and Why to Auction not Grandfather[J]. Energy Policy, 30 (4): 333−345.

Hintermann, 2011. Market Power, Permit Allocation and Efficiency in Emission Permit Markets[J]. Environmental and Resource Economics, 49 (3): 327−349.

International Carbon Action Partnership, 2019. Emissions Trading and Carbon Tax: Two Instruments, One Goal[R].

International Carbon Action Partnership (ICAP), 2022. Emissions Trading Worldwide Status Report 2022[R].

Lin,Xu, 2021. A Non−parametric Analysis of the Driving Factors of China's Carbon Prices[J]. Energy Economics, 104: 105684.

Mansanet,Pardo,Valor,2007. CO_2 prices, energy and weather[J]. The Energy Journal, 28 (3): 73−92.

Pizer, Zhang, 2018. China's New National Carbon Market[J]. AEA Papers and Proceedings, 108: 463−467.

World Bank, 2017. Report of The High−level Commission on Carbon Pricing and Competitiveness[R].

World Bank, 2021. State and Trends of Carbon Pricing 2021[R].

Washington DC.

World Bank, 2022. State and Trends of Carbon Pricing 2022[R]. Washington DC.

World Economic Forum, 2022. The Global Risks Report 2022 (17th Edition)[R].

我国利率市场化改革
对企业投资效率的影响研究

梁　俊

内容提要：本文以5000余家A股上市公司为样本，分析了利率市场化水平的变化对企业投资效率的影响，分析发现：利率市场化水平提高显著提升了投资效率水平；利率市场化水平提高对非国有企业投资效率水平提升尤为显著；独立董事比重增加可以提高企业投资效率，董事数量增加可能降低企业投资效率；股份过于集中于大股东可能造成投资效率水平的下降。

利率是重要的宏观经济变量，利率市场化是经济金融领域最核心的改革之一。利率市场化改革实践主要依据麦金农和肖的"金融抑制理论"与"金融深化理论"，他们认为政府直接制定存贷款利率或规定名义利率上限，会导致利率远远低于市场均衡水平，使资金无法得到有效配置，金融机构与企业行为也会发生扭曲。在管制利率下，金融机构缺乏改善经营业绩的动力，企业普遍存在资金饥渴和投资效率低下以及大量非正规金融与正规金融并存等问题。鉴于此，20世纪80年代以来，许多国家纷纷进行了以利率自由化为标志的金融自由化改革实践。

改革开放以来，我国一直在稳步推进利率市场化，建立健全由市场供求决定的利率形成机制。随着我国存贷款利率上下限的相继取消，以及贷款市场报价利率（LPR）改革启动，我国利率市场化改革已经进入"深水区"。2022年国务院办公厅印发的《要素市场化配置综合改革试点总体方案》明确提出，要"推动资本要素服务实体经济发展"，利率市场化改革有望在其中发挥重要作用。本文拟以我国近10年非金融类上市公司为研究样本，选取适宜的代理变量，实证检验我国利率市场化改革如何影响企业投资决策、投资效率，以及债务水平和债务结构，并结合研究结论，提出应对利率市场化改革"深水区"挑战的政策建议。

一、理论综述

本文主要梳理两类文献：我国利率市场化改革进程，以及利率市场化影响企业资金配置效率（尤其是投资效率）的研究。

（一）我国利率市场化改革进程

总体来看，目前我国存贷款利率管制已经全部放开，利率市场化改革在"形式上"已经基本完成，但在"实质上"并未完成。

利率市场化是指以中央银行指定的基础利率为基础，由金融机构根据市场资金供求关系及资金松紧程度而自主决定存贷款利率水平的利率定价机制（马弘和郭于玮，2016）。根据杨筝等（2017）的划分，我国利率市场化进程大致可以分为以下三个重要阶段。

第一，稳步推进阶段（1993—2012年）：银行间同行业拆借利率和债券利率的市场化。1993年确定了利率市场化的基本设想后，1996年6月1日银行间同业拆借利率放开，标志着我国利率市场化进程的开端。2004年完全放开金融机构人民币贷款利率上限，基本确定了"贷款利率管下限，存款利率管上限"的利率政策框架。

第二，加速推进阶段（2013—2014年）：贷款利率、贴现利率的市场化。标志事件为2012年多次下调贷款利率下限，2013年7月20日，中国人民银行取消金融机构贷款利率0.7倍的下限，并取消票据贴现利率管制，表明我国全面放开了对金融机构贷款利率的管制。

第三，完全市场化阶段（2015年至今）：存款利率市场化的放开。标志事件为2015年10月24日，中国人民银行对商业银行和农村合作金融机构等不再设置存款利率浮动上限，表明存款利率管制放开，意味着利率市场化改革基本完成。

利率市场化改革基本完成是"形式上"的基本完成，而不是"实质上"的完成，因为部分银行实质上仍未具备存款、贷款的定价能力，为防止银行在存款上恶性竞争，全行业继续实施存款利率行业自律，不同地区、不同类型的银行约定存款利率上浮的自律上限，对存款利率继续构成了一个无形的天花板。

此外，由于种种非市场因素的存在，也尚未完全形成通畅的货币政策传导机制，货币市场利率变动之后，不能有效带动存贷款利率的同向变动，两套利率仿佛各行其是（王剑，2019）。

（二）利率市场化影响企业投资效率的研究

总体来看，国外研究重点考察了利率市场化对缓解企业融资约束的影响，以及利率市场化对企业融资结构决策与银行运营效率的影响，但很少有文献就类似中国的渐进式利率市场化改革开展专门研究。国内不少研究从不同维度考察了利率市场化对投资效率的影响，但大多是宏观数据分析，缺少微观数据支持，且很多分析停留在融资约束层面，对其他方面问题分析较少

从国外研究看，利率市场化作为市场经济制度建设的重要组成部分，很早就引起了国外学者的关注。金融抑制理论认为，管制造成的低利率不仅会引致过度的资金需求，而且会给政府带来沉重的管制成本（McKinnon，1973）。利率市场化不仅可以抑制管制带来的社会福利的无谓损失，而且增加了金融机构的定价权，有助于金融机构参与企业项目风险分担，增加对风险项目的信贷，进而缓解了企业融资约束问题（Harris et al.，1994；Gelos和Werner，2002）。比如 Laeven（2003）利用发展中国家的跨国数据研究表明，利率市场化显著缓解了中小企业的融资约束问题，而大企业融资开始变得困难。Harris等（1994）、Gelos和Werner（2002）、Koo和Shin（2004）利用墨西哥、韩国及印度尼西亚等国家的经验证据，也证实了利率市场化可显著缓解企业融资约束问题。此外，还有部分文献考察了利率市场化如何影响企业融资结构决策与银行运营效率。比如Siregar（1992）、Ameer（2003）研究发现利率市场化有助于企业资本结构趋于最优状态，表现为小企业财务杠杆增加，而大企业杠杆会有所降低。银行运营效率方面，Maghyereh（2004）以苏丹银行为样本，研究发现利率市场化加强了银行间的竞争程度，从而提高了银行效率，Ataullah等（2004）、Senda 等（2006）的研究也发现了类似的结

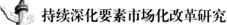

果。以上文献多数以单一国家或者跨国样本为研究对象，没有针对中国这样的发展中国家就渐进式利率市场化改革究竟如何影响企业投融资决策及资源配置等问题开展专门研究。

从国内研究看，由于我国利率市场化起步较晚，早期研究主要集中于理论模型的推导。近几年国家开始放开存贷款利率的上下限，这为实证检验利率市场化对企业行为的影响提供了较为干净的实验条件，相关研究日渐增多。比如王东静和张祥建（2007）利用2004年贷款利率上限的取消，实证检验利率市场化对企业债务融资的影响，证实了利率市场化有助于缓解中小企业融资约束问题。李萍和冯梦黎（2016）基于多维度构建利率市场化指标，研究利率市场化对经济增长质量影响的内在关联与作用机理，证实了利率市场化的积极意义。马弘和郭于玮（2016）利用2004年贷款利率改革的准自然实验，通过构造双重差分模型，实证研究发现利率市场化有助于降低信贷歧视问题。以上文献分别从不同维度论证了利率市场化在改善资源配置效率方面的积极作用，但这些文献要么以宏观方面的证据为主，要么仅仅停留在融资约束层面，而对于如何通过改变融资环境对投资效率产生影响则涉及较少，且难以解决因利率市场化的测度误差等原因而可能产生的内生性问题。

二、数据和变量说明

本部分将介绍样本国家的选取，以及变量和数据的选取。

（一）样本公司和分析时间段的选取

本文分析涉及的样本公司选自国泰安数据库的全部A股上市公司，并按照一定原则剔除了部分样本。首先，剔除了ST股票的公司，所选公司均为非ST股票公司，从而确保所选公司财务状况总体良好。其次，剔除了金融类公司，从而更好反映利率市场化对实体经济的影响。这些公司既有国有企业、民营企业，也有外资企业，在产权分布方面具有较强代表性，公司数量在5000家左右，规模庞大。

本文分析的时间段为2003—2022年。首先，国泰安数据库的数据质量在2003年后明显转好，选取这个时间段进行分析有更充分的基础数据支撑。其次，2003年之后是我国利率市场化快速推进阶段，2004年我国完全放开金融机构人民币贷款利率上限，开始确定"贷款利率管下限，存款利率管上限"的利率政策框架。从这个角度看，选取这个时间段来分析利率市场化的影响，更有参考价值。

（二）变量的选取

本文选取了14个单独变量，构建了5000余家A股上市公司2003—2022年间的面板数据用于实证分析。14个单独变量分别是：投资规模（invest）、非效率投资（abste）、利率市场化（interest）、公司规模（size）、负债率（lev_1）、资产有形性（lev_2）、主营业务收入增长率（growth）、净利润率（re）、经营活动现金流（cfo）、企业产权性质（nsoe）、独立董事占比（independent）、董事会规模（board）、股利支付率（dividends）、管理层持股比例（executiveshare）。本文还考虑了2个交叉变量，分别是利率市场化与企业产权性质的交叉项（interest_nsoe）、利率市场化与固定资产比例的交叉项（interest_lev_2）。具体参考表1所示。

表1 变量的选取和定义

变量性质	变量名称	变量含义	计算方法
被解释变量	invest	投资规模	购建固定资产、无形资产和其他长期资产支付的现金/总资产
	abste	非效率投资	对投资规模估计方程回归的残差取绝对值
核心解释变量	interest	利率市场化	2013年之后=1，2013年之前=0

（续表）

变量性质	变量名称	变量含义	计算方法
核心解释变量	interest_Nsoe	利率市场化与非国企交叉项	两者相乘
	interest_Lev$_2$	利率市场化与资产有形性交叉项	两者相乘
控制变量	size	公司规模	总资产的自然对数
	lev$_1$	负债率	总负债/总资产
	lev$_2$	资产有形性	固定资产/总资产
	growth	主营业务收入增长率	［t年主业业务收入－（$t-1$）年主营业务收入］/（$t-1$）年主营业务收入
	re	净利润率	净利润/资产总额
	cfo	经营活动现金流	对经营活动产生的现金流量净额取对数
	nsoe	企业产权性质	非国企=1，国企=0
	independent	独立董事占比	独立董事人数/董事人数
	board	董事会规模	董事数量取对数
	dividends	股利支付率	应付股利/净利润
	firstshare	最大股东持股比例	最大股东持股数/总股数

资料来源：笔者整理。

（1）投资规模（invest）：该变量是分析第一步（估算投资无效率水平）的被解释变量。用购建固定资产、无形资产和其他长期资产支付的现金占资金总额的比重来表示。

（2）非效率投资（abste）：该变量是分析第二步（估算利率市场化对投资效率影响）的被解释变量。该变量也可以称作投资的无效率水平。它是分析第一步估算结果的残差项的绝对值，衡量了实际投资水平与理想投资水平的差距。

（3）利率市场化（interest）：本文的关键解释变量，本文借鉴杨峥等（2013）的做法，确定一个利率市场化的"分界点"，用二值变量（0、1）来衡量不同阶段的利率市场化水平。具体来说，本文选取2013年（也就是我国放开贷款利率下限这一年）为"分界点"。2003—2012年，利率市场化变量=0；2013—2022年，利率市场化变量=1。

（4）公司规模（size）：本文控制变量。用公司总资产取自然对数计算得到。

（5）负债率（lev_1）：本文控制变量。即资产负债率，用总负债/总资产表示。

（6）资产有形性（lev_2）：本文控制变量。用固定资产/总资产表示。

（7）主营业务收入增长率（growth）：本文控制变量。用公式表示为：［t年主业业务收入–（$t-1$）年主营业务收入］/（$t-1$）年主营业务收入。

（8）净利润率（re）：本文控制变量。用净利润/资产总额来表示，是衡量企业盈利能力的重要指标。

（9）经营活动现金流（cfo）：本文控制变量。经营活动现金流反映了企业应对风险和灵活经营的能力，本文用现金流的自然对数表示。

（10）企业产权性质（nsoe）：本文控制变量。企业产权性质也会影响企业融资行为，A股上市公司产权涉及方方面面，简单起见，本文仅考虑国有和非国有两种产权。

（11）独立董事占比（independent）：本文控制变量。用独立董事数量/董事数量表示。一般来说，独立董事数量越多，企业作出大决策往往越难达成一致。

（12）董事会规模（board）：本文控制变量。用董事数量的自然对数表示。董事会的规模并非越大越好，也不是越小越好，需要一个合理的规模。

（13）股利支付率（dividends）：本文控制变量。用股利支付/利润总额表示。

（14）最大股东持股比例（firstshare）：本文控制变量。用最大股东股权占比表示。

三、计量经济模型

本文主要通过面板数据计量经济模型来分析利率市场化对企业投资效率的影响，计量模型参考 Richardson（2006）、Biddle 等（2009）、申慧慧等（2012）、万良勇（2013）、杨筝等（2017）的模型，进行必要调整，具体模型如下。

第一步，对投资效率进行测度，具体模型公式为：

$$Invest_{it} = \beta_0 + \beta_1 \times Invest_{it-1} + \beta_2 \times Size_{it-1} + \beta_3 \times Lev_{it-1} +$$
$$\beta_4 \times Growth_{it} + \beta_5 \times \mathrm{Re}t_{it-1} + \beta_6 \times CFO_{it-1} +$$
$$\sum \beta_i Firm + \sum \beta_t Year + \varepsilon_{it}$$

（模型1）

上述模型中，被解释变量为企业当期投资规模（invest），同时分别控制了上一期投资规模（investit-1）、上一期公司规模（sizeit-1）、上一期资本结构（levit-1）、上一年主营业务收入增长率（growthit-1）、净利润率（retit-1）以及经营活动净现金流（cfoit-1），同时并分别控制了截面效应与时间效应。使用上述模型来估计企业的当期最佳投资规模，然后使用实际投资规模减去最佳投资规模，即残差部分取绝对值表示企业非效率投资水平。换句话说，本研究用企业非效率投资水平对投资效率进行测度。

第二步，分析利率市场化对投资效率的影响。根据以上模型估算的残差项取绝对值表示企业非效率投资，其中，残差项大于0表示过度投资，而小于0表示投资不足，这两种情况都是投资低效率的表现。具体模型公式如下：

$$Abste_{it} = \alpha_0 + \alpha_1 \times Interest_{it} + \alpha_2 \times Nsoe +$$
$$\beta_1 \times Independent_{it} + \beta_2 \times Board_{it} + \beta_3 \times Dividends_{it} +$$
$$\beta_4 \times Executiveshare_{it} + \sum \beta_i Industry + \sum \beta_i Year + \varepsilon_{it}$$

（模型2）

以上模型中，abste为被解释变量，表示企业当期投资效率，计算结果来自上一个计量模型。interest是本研究重点关注的解释变量，即利率市场化，本研究参考杨筝等（2017）的处理方法，用二值变量来刻画利率市场化。具体来说，在2013年之后，该变量取1，而在之前，则取0。nsoe、independent、board、dividends、firstshare均为解释变量，分别表示企业产权性质（国企=1，非国企=0）、独立董事占比、董事会规模、股利支付率、最大股东持股比例。

第三步，分析交叉效应的影响，具体模型公式为：

$$Abste_{it} = \alpha_0 + \alpha_1 \times Interest_{it} + \alpha_2 \times Nsoe + \alpha_3 \times Nsoe \times Interest_{it} + \beta_2 \times Independent_{it} + \beta_3 \times Board_{it} + \beta_4 \times Dividends_{it} + \beta_5 \times Executiveshare_{it} + \sum \beta_i Industry + \sum \beta_i Year + \varepsilon_{it}$$

（模型3）

$$Abste_{it} = \alpha_0 + \alpha_1 \times Interest_{it} + \alpha_2 \times Nsoe + \alpha_3 \times Interest\_Nsoe_{it} + \alpha_4 \times Interest\_Lev_{2it} + \beta_2 \times Independent_{it} + \beta_3 \times Board_{it} + \beta_4 \times Dividends_{it} + \beta_5 \times Executiveshare_{it} + \sum \beta_i Industry + \sum \beta_i Year + \varepsilon_{it}$$

（模型4）

说明：模型3在模型2的基础上引入了交叉变量利率市场化乘以产权（interest_nsoe），模型4又在模型3的基础上引入了交叉变量利率市场化乘以固定资产比例（interest_lev$_2$）。

四、计算结果分析

本文的计量分析分为4部分：第一，给出了主要变量的描述性统计。第二，对投资非效率水平进行了估计。第三，分析了利率市场化及其交叉变量对投资效率的影响。第四，进行稳健性检验。

（一）主要变量描述性统计

表2给出了本文分析涉及的主要变量的描述性统计。

表2 主要变量的描述性统计

变量名称	样本数量	平均值	标准差	最小值	最大值
invest	45588	0.0531	0.0542	0.0542	0.7589
abste	40885	0.0259	0.0308	0.0001	−0.5762
size	45588	21.8914	1.4038	10.8422	28.6364
lev_1	45581	0.5052	4.4554	−0.1946	877.2559
lev_2	46964	0.2226	0.1731	−0.2062	0.9789
growth	45581	3.9683	634.8128	−1.3091	134607.1
re	45581	0.0486	4.2833	−207.3971	713.2036
cfo	45578	1.4863	313.1632	−106.433	66765.02
independent	48185	0.3705	0.3705	0	1
board	48185	2.1464	2.1464	0	3.0445

（续表）

变量名称	样本数量	平均值	标准差	最小值	最大值
dividends	42251	0.3041	0.3041	0	107.4073
executiveshare	44635	0.3548	0.3548	0	1

数据来源：根据国泰安数据库，笔者计算得出。

（二）对投资非效率水平进行了估计

如表3所示，通过模型1对投资非效率水平进行了估计。从结果可以看出，投资水平、企业规模、资产负债率、固定资产比例、主营业务收入增速、净利润率等解释变量的估计系数都在1%的水平显著。通过对模型残差取绝对值，可以得到投资非效率水平的序列。它将被应用于下一部分的分析中。

表3　投资水平的回归方程

时间（年）	2003—2022
国家	中国
被解释变量	invest
解释变量	（模型1）
invest（−1）	−0.3700***
size（−1）	−0.0089***
lev（−1）	−0.0002***
lev（−1）	−0.5541***
growth（−1）	0.0001***
re（−1）	−0.0001***
cfo（−1）	−0.0001
常数项	0.2395***
r^2（within）	0.1713

（续表）

时间（年）	2003—2022
f检测值	392.54
wald检验p值	
hausman检测值（p值）	5419.16
RE	0.0000
观测值	195
组数	15
备注	FE

资料来源：笔者计算得到。

注：*、**和***分别表示显著性水平为10%、5%和1%；表中的数字为相应模型中解释变量的估计系数、相关检验的统计量或样本数量；FE为固定效应，RE为随机效应。

（三）利率市场化对投资效率的影响分析

将上一步得到的投资非效率水平作为被解释变量，与利率市场化水平、产权性质等变量进行回顾，可以得到表4的结果。

表4　2003—2022年投资效率模型回归结果

时间（年）	2003—2022		
被解释变量	abste		
解释变量	（模型2）	（模型3）	（模型4）
interest	−0.1164***	−0.0108***	−0.0064***
nsoe	0.0037***	0.0047***	0.0054***
interest_nsoe		−0.0017**	−0.0028***
interest_lev$_2$			−0.0178***
independent	−0.0066	−0.0069	−0.0071*
board	0.003**	0.003**	0.0028**
dividends	−0.0004**	−0.0004**	−0.0004**

（续表）

时间（年）	2003—2022		
firstshare	0.0146***	0.0145***	0.1487***
常数项	0.0224***	0.0221***	0.0023***
r^2（within）	0.039	0.0392	0.0422
f检测值	221.85	190.98	180.76
wald检验p值			
hausman检测值（p值）	5419.16	6467.95	5893.94
	0	0	0
观测值	36942	36942	36942
组数	4152	4152	4152
备注	FE	FE	FE

资料来源：笔者计算得到。

注：*、**和***分别表示显著性水平为10%、5%和1%；（模型2）~（模型4）分别代表不同的模型，表中的数字为相应模型中解释变量的估计系数、相关检验的统计量或样本数量；FE为固定效应，RE为随机效应。

通过对表4的分析，可以得到如下结论。

（1）利率市场化水平提高则显著提高了投资效率水平。模型2、3、4分别考察了2003—2022年，5000余家A股上市公司的利率市场化等因素对企业投资效率的影响。分析表明，利率市场化水平提高能显著提升企业投资效率水平。无论是否考虑利率市场化水平与其他变量的交叉项，利率市场化变量的系数都为负数，且均在1%的显著性水平上通过了t检验。这表明利率市场化水平的提高将显著降低投资的无效率水平，即促进投资效率的改善。

（2）利率市场化水平提高，其对非国有企业投资效率水平的提升影响尤为显著。模型3和模型4给出了利率市场化水平与非国有企业交叉项的回归结果，分析发现，无论是否考虑利率市场化水平与固定资产比例的交叉项，利率市场化水平与非国有企业的交叉项都显著为负，在1%的显著性水平通过了t检验。这表明利率市场化水平提高将显著提升民营企业的投资无效率水平。

（3）独立董事比重增加可以提高企业投资效率，董事数量增加可能降低投资效率。从模型3、模型4可以看出，当考虑利率市场化与其他变量的交叉影响时，独立董事占比系数显著为负，这表明独立董事比重提高会显著提高投资效率。与此同时，无论是否考虑利率市场化的交叉效应，董事数量系数都显著为正，这表明董事数量增加可能会降低投资效率。

（4）股份过于集中于大股东可能造成投资效率水平下降。从模型2、模型3、模型4的分析可以看出，无论在哪种情况下，最大股东占股比例的系数都显著为正，这表明股权集中度的提高会显著降低投资效率水平。

（四）稳健性检验

本文还将以上分析中的关键解释变量"利率市场化"进行了一定调整，并进行了稳健性检验。假定以2015年为界来区分利率市场化水平，即2003—2014年，利率市场化变量=0，而2015—2022年，利率市场化变量=1。其他条件保持不变。调整后计算发现，本文的核心结论，即利率市场化的提高会显著提高投资效率依然成立。

参考文献

李程,段一帆.利率市场化对企业和家庭杠杆率及债务风险的影响研究[J].兰州财经大学学报,2020(36)6.

李萍,冯梦黎.利率市场化对我国经济增长质量的影响: 一个新的解释思路[J].经济评论,2016(2).

马弘,郭于玮.利率市场化与信贷歧视——基于2004年贷款利率改革的倍差法检验[C].《经济研究》工作论文,2016.

申慧慧,于鹏,吴联生.国有股权、环境不确定性与投资效率[J].经济研究,2012(7).

万良勇. 法治环境与企业投资效率——基于中国上市公司的实证研究[J].金融研究,2013(12).

王东静,张祥建.利率市场化、企业融资与金融机构信贷行为研究[J].世界经济,2007(2).

王剑.我国利率市场化进程回顾与影响分析[OB/EB].新浪财经,2019-10-28.http://finance.sina.cn/zl/2019-10-28/zl-iicezzrr5410216.d.html?from=wap.

杨筝,刘放,李茫茫.利率市场化、非效率投资与资本配置——基于中国人民银行取消贷款利率上下限的自然实验[J].金融研究,2017(5).

Ameer. Financial Liberalization and Capital Structure Dynamics in

Developing Countries: Evidence from Emerging Markets of South East Asia[J].SSRN Working Paper, 2003.

Ataullah,Cockerill,Hang.Financial Liberalization and Bank Efficiency: a Comparative Analysis of India and Pakistan[J]. Applied Economics,2004, 36(17) , 1915-1924.

Biddle,Hilary,Verdi, How Does Financial Reporting Quality Relate to Investment Efficiency[J].Journal of Accounting and Economics, 2009, 48(2-3), 112-131.

Gelos,Werner. 2002.Financial Liberalization,Credit Constraints,and Collateral: Investment in the Mexican Manufacturing Sector[J].Journal of Development Economics,2002, 67, 1-27.

Harris,Schiantarelli,Siregar,1994.The Effect of Financial Liberalization on the Capital Structure and Investment Decisions of Indonesian Manufacturing Establishments[J].World Bank Economic Review,8: 17 - 47.

Koo,Shin.Financial Liberalization and Corporate Investments: Evidence from Korean Firm Data[J].Asian Economic Journal,2004,18:277-292.

Laeven. Does Financial Liberalization Reduce Financing Constraints[J]. Financial Management,2003, 32: 5-34.

Maghyereh. The Effect of Financial Liberalization on the Efficiency of Financial Institutions: The Case of Jordanian Commercial Banks[J].SS RN Electronic Journal,2004, 9(2-3):71-106.

McKinnon. Money and Capital in Economic Development[M]. Washington,D. C. : The Brookings Institution, 1973.

Richardson. Over-investment of Free Cash Flow[J].Review of Accounting Studies, 2006, 11(2), 159-189.

Senda,Sami,Omri.Does Financial Liberalization Spur Tunisian Banking Industry Efficiency[J].SSRN Electronic Journal,2006.

Siregar. Financial Liberalization,Investment and Debt Allocation[D]. Boston:Boston University, 1992.

要素配置效率及其测度分析

胡 飞

内容提要：开展要素配置效率测度分析是准确把握要素配置改革进展、确保要素改革取得实效的重要举措。本文对2000年以来全国31个省、自治区、直辖市（不含港澳台）的要素配置效率进行量化评估，并对效率损失的影响因素开展分析。测算发现，我国要素配置效率整体呈逐年下滑态势，已从2000年的0.90下滑至2019年的0.58；要素配置效率还呈现出自东向西递减、下降速度自东向西加快的区域性变化，与西部地区相比，东部地区效率均值从2000年的1.35倍增至2019年的1.79倍；市场化进程尤其是政府与市场关系的优化可显著改善要素配置效率。建议围绕破除要素价格扭曲、流动不畅、配置不当等抓好重要改革举措落地和工作机制建设，加快提升要素配置效率。

要素市场化配置改革涉及经济体制改革与经济转型重大关

系，是具有基础性、引领性、标志性的重点改革任务，具有"牵一发而动全身"的战略牵引作用。党的十九大指出，经济体制改革必须以完善产权制度和要素市场化配置为重点。党的二十大进一步提出，要"深化要素市场化改革"。随着要素市场化配置改革顶层设计不断完善以及改革举措的有序推进，开展要素配置效率测算，有助于及时诊断问题，以评促改推进要素配置效率提升，夯实高质量发展的微观基础。

一、提升要素配置效率是当前 做好经济工作的紧迫任务

推进要素市场化配置改革、加快提升要素配置效率是新时期党中央国务院作出的重大决策部署。要站在全局和战略的高度，深刻认识新形势新要求下，加快提升要素配置效率的重要意义。

（一）高质量发展要求从要素配置角度挖掘增长潜力，推动发展方式转变

从发展方式和动力转变来看，高质量发展要求加快从要素投入驱动的粗放式发展转向要素配置效率提升的内涵式发展。改革开放以来，我国通过盘活利用各种要素资源，为推动经济持续快速增长提供了重要动力。随着经济发展水平的不断提升，"好摘的果子"摘得差不多了，原有的要素资源高性价比的优势逐步消

失，"拼资源、拼消耗、拼投资"的粗放型发展老路不可持续，亟须从要素投入驱动型增长转向要素配置效率提升的内涵式增长（刘翔峰等，2020）。

从增长动力来看，经济增长主要有要素投入增加、生产技术进步、要素结构优化这三个动力来源。进入新发展阶段后，在我国要素投入增长空间有限、技术进步后发优势逐渐减弱的情况下，迫切需要加快推进要素结构优化配置，激发增长活力。

（二）产业结构调整要求行业要素配置优化，形成更具竞争力的生产方式

要素市场化配置改革的核心任务就是构建生产要素从低效利用的行业领域向优质高效利用的行业领域转移的机制，把低效的、闲置的生产要素盘活，提高要素质量和配置效率，从而释放蛰伏的发展潜能。

在改革开放初期，我国农村经济就在生产要素投入没有显著变化的条件下，通过权属制度改革来调动农民积极性，实现了农业生产效率的大幅提升；多出来的农村劳动力向城市工业经济领域转移，又进一步改善了工业经济的要素配置，促进了生产率的增长。当产业部门之间的要素利用效率存在显著差异时，要素结构的行业再配置可以极大推动生产率的增长（罗朝阳和李雪松，2023）。

要形成更有竞争力、更高附加值的生产方式，就要进一步推

动土地、劳动力、资本、技术等要素在行业间、企业间流动和优化配置，推动生产率的整体提升。

（三）推进共同富裕要求优化要素跨区域配置，缩小配置效率的区域差距

目前我国城乡区域发展和收入分配差距仍然较大，是我国发展不平衡的最重要表现，对缩小城乡差距、扎实推进共同富裕形成挑战。城乡发展不平衡的一个重要原因，就是城乡要素市场壁垒仍未完全破除，城乡二元体系仍然存在，土地、劳动力、资本等要素在城乡区域间自由有序流动和市场化配置的体制机制不够健全。例如，城市落户限制较多，农业转移人口市民化仍面临较多困难，城乡土地二元分割、资源错配等（欧阳慧和吕云龙，2022）。要素流动受阻导致落后地区的要素资源未能得到充分利用，地区之间的要素利用效率持续存在较大差异。落后地区如果能实现发达地区的要素利用水平，将极大提高生产效率。因此，缩小城乡差距、扎实推进共同富裕，必须畅通城乡要素循环，改变扭曲城乡要素价格的不合理政策，提升城乡要素配置效率，加快形成城乡要素资源流动和平等双向交换的新格局。

二、要素配置效率测度的理论逻辑与研究方法

配置效率是在给定的投入和技术的条件下，与最优利用要素资源、实现最佳产出的生产前沿面的接近程度。根据前沿面的不同假设，已有文献提供了不同的测度思路和方法。

（一）测度实际产出与最优产出的距离

此方法假设，若不存在配置扭曲，则一定要素投入组合的产出应与由其生产前沿面确定的产出相等。其首先估算出不同要素投入组合的生产前沿面，再测度被评价单位的实际产出与可能的最优产出之间的距离，从而判断要素配置效率。这是目前最常用的方法。

根据对生产前沿面最优产出假设条件的不同，又可以分为参数法（回归法，SFA等）和非参数法（DEA等）。其中，DEA不需要假设生产函数的具体形式，而是根据被评价单位及其可能的线性组合来计算生产前沿面。也可近似理解为，DEA方法把同等要素投入下产出最多的单位视为实现了现有生产技术水平下的最优产出（段文斌和尹向飞，2009）。由于现实中被评价单位可能存在一定程度的效率损失，DEA测度方法往往高估配置效率；测

度评价过程中还可能存在随机扰动，DEA也无法排除这部分波动的干扰。

相比之下，随机前沿分析（SFA）被广泛应用于估计生产函数。其首先设定一个随机边界生产函数框架，通过计算面板数据，求出随机前沿生产函数，同时假定这些面板数据中的效率损失服从截断正态随机分布并随时间的变化而变化。相比DEA，SFA估计生产函数主要有两大优势：一是该方法假定生产边界模型含有组合误差项，即其误差项既包括随机误差项，也包括技术非效率项，模拟情境更加精准；二是该方法支持对技术非效率项进行回归分析，能够更好把握效率损失的影响因素。

（二）测度要素价格与边际产出的距离

此方法假设，若不存在配置扭曲，则在竞争市场中，在市场机制作用下，要素市场价格应等于其边际产出。其通过估算要素价格扭曲程度来测度要素配置效率损失，其核心是基于竞争市场的边际成本定价法。

要素市场扭曲是指由于市场不完善导致的生产要素资源非最优配置，表现为要素市场价格与机会成本的偏差或背离（王宁和史晋川，2015）。因此，可以使用要素的实际价格与其机会成本进行比较。若要素价格大于其机会成本或边际产出所决定的均衡价格，称为正向扭曲；若要素价格小于其机会成本或边际产出所决定的均衡价格，称为负向扭曲。为测算要素的边际产出，也需要先估算生产前沿面，在生产函数的选取上一般采用C–D生产函数或超越对数生产函数。超越对数生产函数比C–D生产函数在模型设定上具有更大的灵活性，放松了规模报酬不变和技术中性的假定，可在一定程度上提高模型估计的准确性和有效性。

由于边际产出定价法适用于竞争市场，此方法主要用于对劳动力、资本等流动性较大的要素价格扭曲的测度。

（三）测度个体间全要素生产率的方差

此方法假设，如果不存在要素配置扭曲，则在市场机制作用下，在可比的生产单位之间，其全要素生产率应该趋同；相反，若生产单位之间的全要素生产率高低不一、存在较大差异，则表明要素未达到最优利用。其首先通过一定方法估算全要素生产率，再测度被评价单位全要素生产率的方差。与DEA测度原理不同，此方法认为，对于某些个体来说，非市场因素对要素配置的产出效应的影响是负面的，而对于另一些个体来说，其影响可能是正面的。因此，一定要素投入下的产出最多不一定就是最优，而是可能已经受到非市场因素的正向作用。

根据无非市场因素下的全要素生产率趋同的假设，被评价单位之间的要素配置效率差异（或方差）越大，则非市场因素的可能影响也越大。例如，Hsieh和Klenow（2009）研究发现，中美和美印之间存在着较大的TFP差异，而要素错配或要素扭曲是造成这一差异的重要原因。

总的来看，现有文献对要素配置效率测度的理论逻辑与研究方法进行了大量探讨，形成了包括不同理论假设、不同模型设置、不同适用范围的测度方法体系，为开展要素配置效率测度提供了很好的基础。一些学者也对要素结构变化和要素在行业间、区域间再配置的增长效应进行了大量研究。相较之下，在测度要素配置效率后，对效率损失的影响因素还缺乏定量研究，而深入分析阻碍要素配置效率提升的影响因素是更好地推进要素市场化配置改革的关键。

三、要素配置效率测度方法、变量选取与数据来源

（一）效率测度与分析方法

1.要素配置效率测度方法

为了能在测度要素配置效率的同时增加对配置效率损失影响因素的分析，方便对症下药以提高要素配置效率，故采用随机前沿分析（SFA）方法来研究生产过程中的效率损失情况，并估算市场扭曲对配置效率损失的影响。首先以柯布–道格拉斯函数（C–D）为生产函数形式，具体公式如下：

$$Y_{it} = AK_{it}^{\alpha}L_{it}^{\beta}e^{v_{it}-u_{it}} \quad\quad （1）$$

等式两边取对数，得到如下公式：

$$Ln(Y_{it}) = Ln(A) + \alpha Ln(K_{it}) + \beta Ln(L_{it}) + v_{it} - u_{it} \qquad （2）$$

其中，$v_{it} \sim N(0, \sigma_v^2)$ 表示白噪声，u_{it} 表示效率损失部分，为非负变量，一般假设为截断正态分布，即 $u_{it} \sim N^+(\mu_{it}, \sigma_{it}^2)$。

记 u_{it} 的无偏估计量为 $-\widehat{u_{it}}$，则要素配置效率可定义为：

$$TE_{it} = \exp(-\widehat{u_{it}}) \qquad （3）$$

当效率损失 $\widehat{u_{it}}=0$ 时，存在完全的生产效率，TE_{it} 值为1。当 $\widehat{u_{it}}$ 趋向于正无穷大时[1]，存在完全的生产无效率，TE_{it} 值为0。本文采取的 $\widehat{u_{it}}$ 是某些变量的线性组合，随时间和地区特征而改变，可据此对生产效率的变化轨迹做进一步研究。

2.要素配置效率损失影响因素分析方法

结合影响因素变量设置，并根据Battese和Coelli对效率损失影响因素的处理方式，来构建要素配置效率损失方程，具体公式为：

$$\mu_{it} = \delta_0 + \sum_{n=1}^{N} \delta_n Z_{nit} + W_{it} \qquad （4）$$

---

[1] 假设效率损失项服从截断正态分布，因而总是非负的，只可能等于0或者大于0，从而要素配置效率TE的取值在0和1之间，且随着效率损失项的增加而降低。

其中，Z_{nit}表示效率损失的第n个解释变量，N为效率损失的解释变量个数，δ为技术效率方程的外生解释变量系数待估计值，W_{it}为随机扰动项。

需要注意的是，要素配置效率损失回归方程（4）中，被解释变量为估计得到的要素配置效率损失项，而不是（3）式定义的配置效率。因此，式（4）中若解释变量的估计系数符号为正，表明随着该变量取值的增加，效率损失越大，则配置效率越低。

（二）变量选取与数据来源

1. 要素配置效率测度的变量选取与数据来源

测算要素配置效率时，选取2000—2021年我国除港澳台外的31个省份经济数据进行分析。变量选取与数据来源如下。

（1）产出（$\ln Y$）。根据惯例，产出选择地区生产总值，并以2000年为基期，经GDP平减指数调整，调整后对数据取对数。数据来自各年度《中国统计年鉴》，数据跨度为2000—2021年。

（2）资本投入（$\ln K$）。使用地区资本存量，首先将固定资产投资价格指数折算为以2000年为基期的不变价，并运用永续盘存法对全社会固定资产投资进行存量化处理。参考张军等（2003）的研究，资本折旧率选定为9.6%，基期的资本存量参考经验做法，用基年固定资产投资总额除以10%计算得到。数据来自各年度《中国统计年鉴》，数据跨度为2000—2021年；调整后对数据取对数[1]。

（3）劳动投入（lnL）。选用各地区年末城镇单位就业人员数，并对数据取对数。数据来自各年度《中国统计年鉴》，数据跨度为2000年到2021年。

2. 要素配置效率分析的变量选取与数据来源

在以式（6）、式（7）和式（8）测算科技创新技术效率及影响因素分析时，考虑到西藏部分年度数据不全，选取2009—2017年我国除西藏和港澳台外的30个省份经济数据进行分析。变量选取与数据来源如下。

（1）市场化指数（market）。市场化改革推进了资源配置效率的改善。现有文献主要从要素市场分割、价格扭曲、市场垄断等角度开展要素配置效率研究，实质是关注要素市场化进程的影响，包括政府干预、国有经济、要素市场培育等（王小鲁等，2018）。这里选取中国各省份市场化指数（简称"市场化指数"）。数据来自Wind。因目前最新数据仅发布至2019年，故数据跨度为2000—2019年。

此外，在对要素配置效率影响因素的分析中，还将控制年份（year）和区域（region）的虚拟变量的影响。其中，年份虚拟变量

---

[1] 因2020年起不再发布固定资产投资价格指数，这里先采用"工业生产者购进价格指数"中的"建筑材料及非金属类"价格指数，对2000—2019年的固定资产投资价格指数进行线性回归，回归截距项38.0、斜率0.633、R_2为0.89。根据回归结果及2020年、2021年建筑材料及非金属类价格指数值来估算2020年、2021年的固定资产投资价格指数。因2018年起，统计年鉴仅提供固定资产投资增长率，需根据增长率来计算投资额。

以2000年为1，逐年递增；区域虚拟变量按三大经济区域划分[1]，东部、中部、西部地区分别取值1、2、3。

（三）变量的描述性统计

表1给出了变量的描述性统计。从表1可以看出，除市场化指数外，其他变量均为682个观测值，且经数据处理后的各变量取值范围接近，较适宜进行测算分析。

表1　变量的描述性统计

变量名	观测值	均值	标准差	最小值	最大值
$\ln Y$	682	8.78	1.21	4.80	11.16
$\ln K$	682	10.57	1.29	6.50	12.88
$\ln L$	682	5.95	1.16	2.70	11.25
market	620	5.86	1.96	−0.23	11.71

数据来源：作者计算得出。

四、我国要素配置效率测度结果分析

根据要素配置效率测度及其影响因素分析模型，运用Stata软件，利用2000—2021年我国各省份要素投入和产出数据对要素配

---

[1] 我国经济区域按东、中、西三大经济地带或地区的划分方法，东部包括辽、京、冀、津、鲁、苏、沪、闽、浙、粤、桂、琼等12个省份，中部包括蒙、晋、吉、黑、皖、赣、豫、鄂、湘等9个省份，西部包括川、黔、滇、藏、陕、甘、青、宁、新、渝等10个省份。"七五"以来国家基本上是依照这种划分来制定相关政策措施的。

置效率进行测算分析，以得出我国要素配置效率的整体情况和结构性特征。

表2中的模型（1）给出了使用SFA估计生产函数的结果，模型（2）至（6）增加了效率损失方程，其中，模型（2）增加市场化指数总得分，模型（3）增加市场化指数中的"政府与市场关系"分项得分，模型（4）增加市场化指数中的"要素市场发育"分项得分，模型（5）增加市场化指数中的"非国有经济发展"分项得分，模型（6）则同时纳入"政府与市场关系"等3个分项得分。

从模型检验来看，测算结果中表示效率损失项的方差与随机项方差之比的lambda普遍较大，使用LR统计量的混合卡方分布也通过检验，意味着模型存在无效率项，可以采用SFA模型进行参数估计。

从生产函数估计结果看，模型（1）的资本要素产出弹性为0.61、劳动力为0.51，与多数文献接近。加入效率损失回归方程后，资本要素的产出弹性为0.8以上，劳动力要素在0.13左右，在不同模型设定下保持稳健，且似然值相对模型（1）来说有显著提升，意味着加入效率损失方程后模型的解释力度显著增强。

（一）整体上看，我国要素配置效率呈现逐年下滑态势

通过对2000—2019年我国要素配置效率测算分析，发现我国

表2　要素配置效率估计结果

变量（模型）	（1）	（2）	（3）	（4）	（5）	（6）
生产函数方程						
lnk	0.609***	0.811***	0.811***	0.868***	0.850***	0.827***
	（0.015）	（0.021）	（0.018）	（0.018）	（0.020）	（0.019）
ln$l$	0.513***	0.117***	0.117***	0.146***	0.138***	0.130***
	（0.023）	（0.015）	（0.014）	（0.016）	（0.015）	（0.017）
Constant	-0.424***	-0.175	-0.182	-0.620***	-0.444***	-0.211
	（0.101）	（0.200）	（0.167）	（0.153）	（0.162）	（0.158）
效率损失回归方程						
market		-0.072***				
		（0.015）				
market1			-0.056***			-0.063***
			（0.008）			（0.009）
market2				0.012		0.025***
				（0.008）		（0.009）
market3					-0.015	0.011
					（0.009）	（0.010）

（续表）

变量（模型）	（1）	（2）	（3）	（4）	（5）	（6）
constant		-0.118	-0.140	-0.354***	-0.222*	-0.031
		(0.117)	(0.093)	(0.109)	(0.123)	(0.137)
year		0.037***	0.033***	0.042***	0.041***	0.031***
		(0.004)	(0.003)	(0.004)	(0.004)	(0.004)
region		0.214***	0.228***	0.247***	0.223***	0.232***
		(0.024)	(0.022)	(0.021)	(0.024)	(0.024)
lambda	24.690	0.147	0.075	1.127	0.947	0.711
log likelihood	-262.6	-106.0	-94.8	-119.4	-119.1	-92.9
wald chi2（2）	8966.9***	2127.5***	3144.6***	3601.7***	2837.0***	2667.7***
observations	682	620	620	620	620	620
number of obs	31	31	31	31	31	31

注：括号内为标准差；*** p<0.01, ** p<0.05, * p<0.1。

数据来源：作者计算得出。

要素配置效率整体呈逐年下滑态势。从效率损失回归方程估计结果看，年份变量与效率损失项呈正相关，且系数为0.031～0.042，意味着随着年份增长，效率损失以每年0.031～0.042的水平增加。通过表2中的（3）式计算各省份2000年以来的要素配置效率后，通过算术平均加总得到全国的要素配置效率的平均水平。其中，2000年全国要素配置平均水平为0.90，到2019年下滑至0.58，累计下降幅度达35.6%。这一逐年下行趋势与罗朝阳和李雪松（2023）的研究结论基本一致。图1给出了测算出的2000—2019年全国要素配置效率均值走势（拟合线条的斜率为−0.018）。

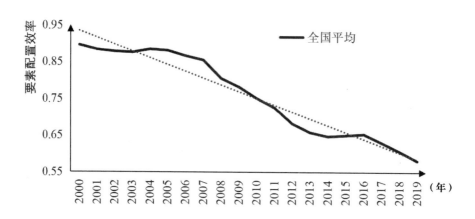

图1　要素配置效率的全国平均水平（2000—2019年）

数据来源：作者计算得出。

注：虚线为线性拟合形成的趋势线。

要素配置效率的走势变化也与关键时点的重要事件相吻合。

第一个时点在2008年，此前要素配置效率均值在0.85附近震荡，2008年突然下降至0.81，此后继续以较大幅度下滑。这可能与2008年金融危机爆发后的政策刺激有关。国际金融危机全面爆发后，经济增速快速回落，出口出现负增长。为托底经济，中央和地方都出台了许多经济刺激政策，政府主导资源配置的作用明显增强，且不完全按照市场化原则进行投资，一些"僵尸企业"未及时退出市场，导致要素配置效率下滑。这也与郎昆和刘庆（2021）的发现一致。

第二个关键时点在2015年，这一年正式提出"供给侧结构性改革"，明确提出经济遇到的问题主要在供给侧、主要是结构性错配，要重新调整错配的生产要素资源，推动过剩产能退出，使要素得到最优化配置。这也与图1的走势一致，2015—2016年止住了效率快速下滑的态势。

（二）分区域看，要素配置效率呈现自东向西递减的区域性变化

三大地区的要素配置效率均自东向西递减、随时间递减。从表2中的模型（2）~（6）的效率损失回归方程看，区域（region）变量的回归系数均在0.2以上，考虑到被解释变量为效率损失，则意味着随着区域变量（region）从东部（取值为1）转向中部（取值为2）、西部（取值为3），要素配置效率损失也分别增加了0.2个、0.4个点。

从累计降幅看，东部地区的要素配置效率均值从2000年的1下降至2019年的0.74，累计下降25.7%。中部地区也从2000年的0.93下降至2019年的0.56，累计下降40.6%。西部地区也从2000年的0.74下降至2019年的0.41，累计下降44%。

从效率比值看，2000年东部地区的效率均值是中部地区的1.07倍，到2019年已经是1.34倍；2000年东部地区的效率均值是西部地区的1.35倍，到2019年已经是1.79倍。显然，提升要素配置效率，关键要大力提升中西部地区的要素配置效率。

（三）具体举措上，推进市场化进程、调整政府与市场的关系，可显著提升要素配置效率

效率损失回归方程估计结果显示，市场化指数（market）与效率损失项负相关，与要素配置效率正相关。市场化指数每增加1个点，效率损失下降约0.072个点，从而推动要素的配置效率提升。这也在一定程度上验证了"市场是最有效的资源配置方式"。

为进一步区分市场化进程的不同维度，模型（3）~（6）（如表2所示）也把市场化指数的分项指数作为解释变量的替代变量进行了回归分析。从回归结果看，"政府与市场关系"分项与效率损失负相关，且系数达到0.6左右，有力推动了要素配置效率的提升。"要素市场发育"分项在模型（6）中（如表2所示）与效率损失之间表现出显著正相关的关系，这可能与分项指标的设计有关，"要素市场发育"分项主要考察了金融业竞争、落户

门槛等指标，不足以显著提升要素的配置效率。

地区之间在市场化进程上存在较大差异，也是地区要素配置效率存在差异的重要原因。分地区看，东部、中部和西部的地区市场化指数的均值分别为7.36、5.59和4.31，这说明中西部地区在推进要素市场化配置改革、更好发挥市场配置资源的决定性作用方面还有较大潜力。如表3所示。

表3　市场化指数的地区差异

地区	观测值	均值	标准差	最小值	最大值
东部地区	240	7.36	1.6	3.93	11.7
中部地区	180	5.59	0.99	3.39	7.73
西部地区	200	4.31	1.65	−0.2	8.1

数据来源：作者计算得出。

五、结论与对策建议

通过对全国31个省、自治区、直辖市（不含港澳台）2000—2021年要素配置效率的测算分析发现，我国要素配置效率近年呈逐年下滑态势，从2000年的0.90下滑至2019年的0.58，降幅达35.6%；与此同时，要素配置效率也呈现出自东向西递减的区域性变化，且下降速度自东向西逐渐加快，地区间的要素配置效率差距持续拉大；推进市场化进程可显著提升要素配置效率，中西部地区在更好发挥市场配置资源的决定性作用方面还有较大改革空间。

展望未来一段时期，要围绕充分发挥市场配置资源的决定性作用、推动要素自由流动和向先进生产力集聚、推动落后地区效率提升为重点，着力破除要素市场分割、要素价格扭曲、要素配置不公平等梗阻与瓶颈，加快建设全国统一的要素市场，充分发挥要素市场的价格机制、竞争机制和供求机制的作用，促进要素在城乡区域、行业企业间的优化配置，为推进高质量发展、推进产业结构转型升级、缩小城乡区域差距方面提供重要支撑。

参考文献

刘翔峰,王磊,荣晨,等.要素市场化配置改革研究[J].全球化,2020(1):68-83,135-136.

罗朝阳,李雪松.我国行业间要素配置效率及其对全要素生产率的影响[J].经济纵横,2023,446(1):73-83.

欧阳慧,吕云龙.我国户籍制度改革进展及面临的新形势[J].中国物价,2022(6):9-11.

段文斌,尹向飞.中国全要素生产率研究评述[J].南开经济研究,2009,(2):130-140.

王宁,史晋川.中国要素价格扭曲程度的测度[J].数量经济技术经济研究,2015,32(9):149-161.

王小鲁,樊纲,胡李鹏.中国分省份市场化指数报告(2018)[M].北京:社会科学文献出版社,2019.

郎昆,刘庆.资源错配的来源、趋势与分解[J].经济学报,2021,8(2):1-25.

Hsieh C T, Klenow P J. Misallocation and manufacturing TFP in China and India[J]. Quarterly Journal of Economics, 2009, 124(4): 1403-1448.

我国市场统一性的量化研究

吕云龙

内容提要：建设全国统一大市场是构建新发展格局的基础支撑和内在要求。构建新发展格局，迫切需要加快建设高效规范、公平竞争、充分开放的全国统一大市场，建立全国统一的市场制度规则，促进商品要素资源在更大范围内畅通流动。党的二十大报告强调要"构建全国统一大市场，深化要素市场化改革，建设高标准市场体系"。在此背景下，本文旨在分析我国市场统一性建设的历史演变趋势、现状进展以及重点问题领域，以期能够为推进全国统一大市场建设提供政策参考。

本文研究主要采用量化分析方法和比较研究方法。量化分析方法用于测算分析我国市场的统一性程度，比较研究方法用于对比分析我国市场统一性的建设进展和区域差异。

本文研究发现：（1）从时间趋势看，我国消费品市场统一性程度呈现长期明显提高、短期"顺经济周期"的特征；工业品市场统一性程度下降，市场分割态势加剧；劳动力市场整体趋于统一，但2016年以来市场分割加剧。（2）与欧盟比较发现，我国消费品市场统一性程度明显高于欧盟，统一性指数接近欧盟的三倍；工业品市场统一性程度显著低于欧盟，统一性指数仅为欧盟的37.8%；劳动力市场统一性程度同样显著低于欧盟，统一性指数仅为欧盟的25.9%。（3）从区域差异看，市场统一性建设与地区经济结构、地理位置等密切相关，东北地区、中部地区与全国消费品市场的统一性高于东部地区和西部地区；东北地区、东部地区与全国工业品市场的统一性高于中部地区和西部地区；东北地区、中部地区与全国劳动力市场的统一性高于东部地区和西部地区。（4）从具体领域看，消费品中的燃料类、金银珠宝类、食品类、书报杂志及电子出版物类、中西药品及医疗保健用品类、纺织品类、交通通信用品类等的市场统一性程度相对较低；工业品中的上游资源品和中游加工品的市场分割程度较高且呈现加剧趋势。值得警惕的是，通用设备制造、交通运输设备制造等下游工业品的分割态势明显加剧。（5）从区域市场一体化看，京津冀消费品市场一体化程度略低于全国平均，工业品市场一体化程度明显高于全国平均，劳动力市场一体化程度低于全国平均；长三角区域消费品市场一体化程度略高于全国平均。工业品市场一体化程度明显高于全国平均，劳动力市场一体化程度高于全国平均。综合来看，长三角区域市场一体化有助于推进全国统一大市场的建设，而京津冀的推动作用更多体现在工业品市场。

本文的创新点主要有：第一，考虑了工业品市场统一性。目前几乎所有文献对商品市场统一性的研究都主要集中在消费品，忽略了工业品，但是地方政府"重生产轻消费"的观念使得地方政府保护和分割的重点往往是工业品市场，因此在一定程度上低估了我国的市场分割程度。第二，开展市场统一性的国际比较研究。考虑到相对价格法无法衡量市场统一性程度的绝对水平，本文选取市场统一性程度较高的欧盟作为比较样本，可以为深刻认识当前我国市场统一性建设进展提供一定的参考。第三，测算了我国重点区域市场一体化程度。《中共中央 国务院关于加快建设全国统一大市场的意见》提出在维护全国统一大市场前提下，鼓励京津冀、长三角等区域优先开展区域市场一体化建设工作，因此本文选取京津冀、长三角区域，对其市场一体化程度开展量化分析。第四，针对具体行业和产品的市场统一性程度进行量化分析。基于相对价格法原理，本文针对16种消费品和30多种工业品的市场统一性进行量化分析，可以为选取重点领域突破、推进全国统一大市场建设提供政策参考。

一、研究背景

建设全国统一大市场是构建新发展格局的基础支撑和内在要求。习近平总书记主持召开中央全面深化改革委员会第二十三次会议时强调，构建新发展格局，迫切需要加快建设高效规范、公平竞争、充分开放的全国统一大市场，建立全国统一的市场制度规则，促进商品要素资源在更大范围内畅通流动。2022年3月25日发布的《中共中央 国务院关于加快建设全国统一大市场的意见》，从全局和战略高度提出了加快建设全国统一大市场的意见。党的二十大报告在"加快构建新发展格局，着力推动高质量发展"的章节中强调要"构建全国统一大市场，深化要素市场化改革，建设高标准市场体系"。

改革开放40多年来，我国统一大市场建设取得很大进展，统一大市场的规模效应持续显现。但是，实践中还有一些妨碍全国统一大市场建设的问题，重点市场仍存在不同程度的分割，地方保护现象比较突出，要素和资源市场建设不完善等。在此背景下，本文旨在分析我国市场统一性建设的历史演变趋势、现状进展以及重点问题领域，以期能够为推进全国统一大市场建设提供政策参考。

本文的后续结构安排如下：第二部分阐述了本文的量化方法和数据来源；第三部分汇报了我国市场统一性的量化分析结果；第四部分汇报了重点区域京津冀、长三角市场一体化的量化分析结果；第五部分提出了我国建设统一大市场的政策举措。

二、研究方法与数据来源

（一）研究方法

目前，测量市场统一性的主要方法有生产法（Young，2000；郑毓盛和李崇高，2003；白重恩等，2004）、经济周期法（Xu，2002；黄玖立等，2011）、贸易流量法（Naughton，2000；Poncet，2003）、相对价格法（Parsley 和 Wei，2001；陆铭和陈钊，2009；吕越等，2019）和问卷调查法（李善同等，2004）等。综合比较各种方法，相对价格法凭借较强的理论基础和数据支撑在国内得到广泛应用，因此本文采用相对价格法对我国市场的统一性进行分析，同时采用比较研究法进行横向对比，有效解决了相对价格法的绝对水平无意义的缺陷。

在测算市场统一性程度时，由于原始数据是价格的环比指数[1]，因此采用价格比的对数一阶差分的形式来度量相对价格，公式如下：

$$DQ_{ijt}^k = \ln(p_{it}^k / p_{jt}^k) - \ln(p_{it-1}^k / p_{jt-1}^k) = \ln(p_{it}^k / p_{it-1}^k) - \ln(p_{jt}^k / p_{jt-1}^k) \tag{1}$$

---

[1] 消费品和工业品直接使用其绝对价格，劳动力价格采用剔除通货膨胀因素后的实际工资。

将相对价格取绝对值，以避免因地区位置顺序不同而影响到相对价格方差，进而可以得到如下公式：

$$|DQ_{ijt}^{k}| = |\ln(p_{it}^{k}/p_{it-1}^{k}) - \ln(p_{jt}^{k}/p_{jt-1}^{k})| \qquad (2)$$

采用Parsley和Wei（2001）提出的取均值法来处理与特定商品或要素相关的固定效应所导致的系统误差，即：假定$|DQ_{ijt}^{k}| = a^{k} + e_{ijt}^{k}$，其中，$a^{k}$为第$k$类商品自身特性所引起的价格变动，而$e_{ijt}^{k}$则与两地区特殊的市场环境相关。延伸出的具体公式如下：

$$q_{ijt}^{k} = e_{ijt}^{k} - e_{ijt}^{k} = |DQ_{ijt}^{k}| - |DQ_{t}^{k}| \qquad (3)$$

接下来计算每两个地区之间的相对价格波动方差$var(q_{ijt}^{k})$，可以进一步得到省份组合的相对价格方差，将其按照省份合并，从而可以得到各省份与全国其他地区之间的平均相对价格方差$var(q_{nt}^{k}) = [\mathring{a}_{i',j} var(q_{ijt}^{k})]/N$，其中，$n$为地区数目，$N$为合并的省份组合数目。将该指数取倒数，并以初始年份为基期，即可得到市场统一性指数。

（二）数据来源

考虑到数据的可得性，本文的量化分析主要包括消费品、工业品和劳动力三个市场，其数据来源分别如下。

（1）消费品价格数据采用商品零售价格指数，商品种类包括食品类、饮料烟酒类等16类商品，区域包括北京、天津、河北等31个省份，时间范围为2001—2022年，数据来源于国家统计局。

（2）工业品价格数据采用工业生产者出厂价格指数，工业品包括煤炭开采和洗选业、石油和天然气开采业等30多类工业行业生产的产品，区域包括北京、天津、河北等31个省份，时间范围为2012—2020年，数据来源于国家统计局。

（3）劳动力价格采用劳动力实际工资，包括农、林、牧、渔业、采矿业、制造业电力、热力、燃气及水生产和供应业等19个行业的实际工资，区域包括北京、天津、河北等31个省份，时间范围为2004—2021年，数据来源于《中国劳动统计年鉴》《中国统计年鉴》。

三、我国市场统一性的量化分析

（一）消费品市场统一性程度明显提升

我国消费品市场统一性程度呈现长期明显提高、短期"顺经济周期"的特征。

从长期趋势看，我国消费品市场统一性程度明显提升，2001—2022年消费品市场统一性指数呈现大幅上升态势，2022年统一性指数是2001年的8倍左右，我国消费品市场统一性建设取得明显进展。

从短期波动看，我国消费品市场统一性程度呈现明显的"顺经济周期性"，即当经济上行时，市场统一性程度会随之提升，当经济面临下行压力时，政府更有动力实施市场保护行为，市场统一性趋势也会受阻。如图1所示。

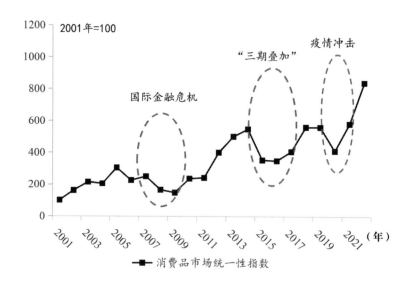

图1 我国消费品市场统一性程度明显提升

数据来源：作者测算得出。

我国消费品市场统一性程度明显高于欧盟。现有文献主要将欧盟作为统一市场建设的国际借鉴对象（刘志彪，2022；刘翔峰，2022），因此本文将欧盟作为我国市场统一性建设的比较对象。

考虑到我国和欧盟消费品统计口径不一致的问题，为了增强可比性,将我国和欧盟的消费品口径进行了统一。

根据测算结果,欧盟消费品市场长期趋于统一,短期同样呈现"顺经济周期"的特征,疫情冲击后,市场统一性程度大幅下降。从绝对水平比较看,我国消费品市场统一性程度要高于欧盟,疫情前三年我国消费品市场统一性接近欧盟的三倍。如图2所示。

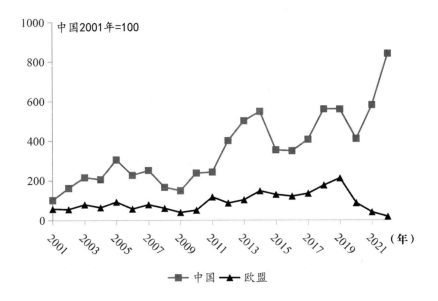

图2 中国与欧盟消费品市场统一性程度比较

数据来源:作者测算得出。

我国东北地区、中部地区与全国消费品市场的统一性要高于东部地区和西部地区。从区域看,四大区域性市场与全国市场的统一性与全国平均水平走势一致,从各区域与全国市场统一性指数的均值看，东北地区最高，中部地区和西部地区次之，东部地区最低。从省份看，福建、广东、吉林、江西、河南、辽宁等省份与全国消费市场的统一性程度较高。从时间趋势看，2003—2022年，所有省份与全国市场的统一性程度均明显提升，其中，西藏、天津、重庆、河南、宁夏等省份的提升幅度较为明显。如图3所示。

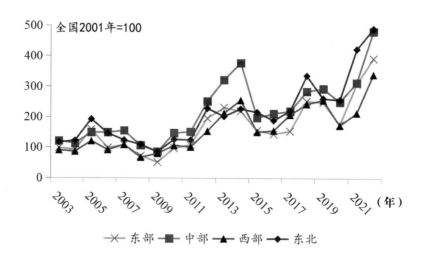

图3 我国四大区域消费品市场统一性指数走势

燃料类、金银珠宝类、食品类、书报杂志及电子出版物类、中西药品及医疗保健用品类、纺织品类、交通通信用品类等消费品的市场程度统一性程度相对较低。考虑到不同消费品的本质特征、市场规模等因素，市场统一性也存在异质性。

根据测算结果，日用品类、饮料烟酒类、体育娱乐用品类、服装鞋帽类、建筑材料及五金电料类、家用电器及音像器材类、化妆品类等消费品的市场统一性程度较高，而燃料类、金银珠宝类、食品类、书报杂志及电子出版物类、中西药品及医疗保健用品类、纺织品类、交通通信用品类等消费品的市场统一性程度相对较低。如表1所示。

表1　分类消费品市场统一性指数

商品	2020—2022年平均	2003—2005年平均	差值
食品类	0.70	0.66	0.03
饮料烟酒类	1.32	1.15	0.17
服装鞋帽类	1.16	0.41	0.75
纺织品类	0.88	0.72	0.15
家用电器及音像器材类	1.11	0.70	0.40
文化办公用品类	0.99	0.51	0.48
日用品类	1.69	1.07	0.62
体育娱乐用品类	1.31	0.61	0.69
交通、通信用品类	0.88	0.46	0.42
家具类	0.98	0.68	0.30
化妆品类	1.05	0.74	0.32
金银珠宝类	0.54	0.48	0.06
中西药品及医疗保健用品类	0.81	0.50	0.31
书报杂志及电子出版物类	0.73	0.90	−0.16
燃料类	0.43	0.29	0.14
建筑材料及五金电料类	1.14	0.66	0.48

数据来源：作者测算得出。

（二）工业品市场分割态势加剧

我国工业品的市场统一性程度下降，市场分割态势加剧。根据量化测算结果，2012年以来，我国工业品的市场统一性程度呈现波动中下降的态势，2020年的统一性指数较2012年下降32.6%，工业品市场分割加剧。如图4所示。

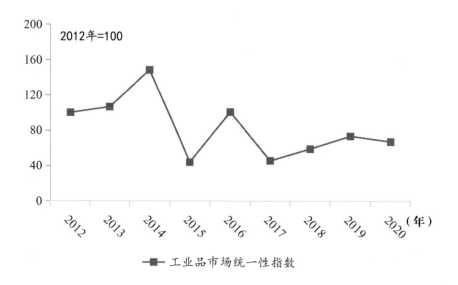

图4　我国工业品市场统一性程度发展趋势

数据来源：作者测算得出。

我国工业品的市场统一性程度明显低于欧盟。根据测算结果（如图5所示），欧盟工业品市场长期趋于统一，疫情冲击后的市场分割态势加剧。从绝对水平比较看，我国工业品的市场统一性程度要低于欧盟,同口径下,疫情前三年(2017—2019年)我国工业品的市场统一性指数仅为欧盟的37.8%。如图5所示。

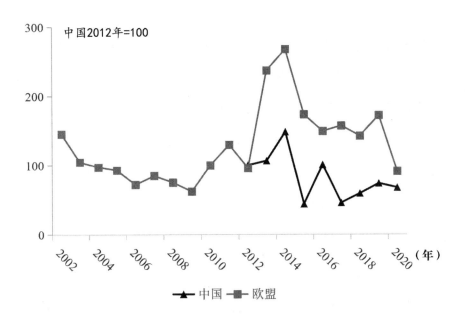

图5 中国与欧盟工业品市场统一性程度比较

数据来源:作者测算得出。

地方政府在"重生产轻消费"观念下的地方保护是造成工业品市场统一性程度较低的主因。综合来看,我国工业品市场统一性程度低于消费品市场,同时也低于欧盟。地方官员的政治晋升博弈诱发了"以邻为壑"的市场分割现象。20世纪80年代初以来,地方官员的选拔和晋升标准由过去的纯政治指标逐步转向经济绩效指标,尤其是地方经济增长指标。不同地区的地方官员不仅在经济上为GDP和利税进行竞争,而且也在"官场"上为晋升而竞争。政治晋升博弈属于零和博弈，如此使得同时处于政治和经济双重竞争的地方官员之间的合作空间变得非常狭小，而竞争空间非常大，官员们有强烈的动机去干预经济活动，甚至出现"以邻为壑"的恶性竞争现象，进而妨碍全国统一大市场的形成（周黎安，2004；王永钦，2007）。

同时，分权式改革加剧地方财政窘境则进一步强化了市场分割行为。在改革开放之前，我国实行以"统收统支"为基本特征的集权型财政体制，财政收支权集中在中央，中央通过计划手段决定地区间资源要素的流动和投资生产活动。改革开放以后，中央向地方政府下放大量事权和财权，中央与地方在事权、财权、调控权等方面的动态匹配不够完善，使地方政府的财政收支格局陷入严重窘境，1994年分税制改革实行以来，地方政府财政预算收入一直低于预算支出。各级政府为增收本级财政，对本地市场和商品流通进行不合理的干预，导致市场分割和地区封锁等现象出现（臧跃茹，2000；刘志彪，2021；吕冰洋和贺颖，2022）。同时，地方国有企业成为地方财政的重要财源，地方政府为了维持经济增长和财政收入，会千方百计地保护本地国有企业（陈东琪、银温泉、臧跃茹，2002；刘瑞明，2012）。

地方政府"重生产轻消费"，更倾向保护工业品市场，主要原因有：一是工业行业投资规模大，对经济增长的短期推动作用显著；二是增值税是我国最大的税种，而增值税征收主要集中在生产环节，与行业规模密切相关；三是工业行业可以带动下游服务业发展，增加相关税收（兰小环，2021）。

　　东北地区、东部地区与全国工业品市场的统一性程度高于中部地区和西部地区。从区域看，四大区域性市场与全国市场的统一性程度与全国平均水平走势一致，从各区域与全国市场统一性指数的均值来看，东北地区和东部地区相对较高，中部地区和西部地区较低。从省份来看，福建、云南、安徽、湖南、河南、上海、江苏等省份与全国工业品市场的统一性程度较高。从时间趋势来看，2012—2022年间，除云南外，其他省份与全国市场的统一性程度均下降。

　　上游资源品和中游加工品的市场分割程度较高且呈现加剧趋势。从工业品看，通用设备制造，交通运输设备制造，烟草制品，酒、饮料和精制茶制造，金属制品，专用设备制造，电气机械及器材制造，印刷和记录媒介的复制，造纸及纸制品，医药制造等工业品的市场统一性程度较高；而黑色金属矿采选，煤炭开采和洗选，化学纤维制造，有色金属矿采选，石油、煤炭及其他燃料加工，石油和天然气开采等工业品的市场统一性程度相对较低。综合来看，下游工业品的市场统一性程度明显高于上游和中游。从演变趋势看，纺织服装、服饰，食品制造，皮革、毛皮、羽毛（绒）及其制品，农副食品加工，计算机、通信和其他电子设备制造等工业品的市场统一性程度提高；非金属矿采选，石油和天然气开采，金属制品、化学原料及化学制品制造，有色金属矿采选，化学纤维制造，有色金属冶炼及压延加工，黑色金属冶炼及压延加工，石油、煤炭及其他燃料加工等中上游工业品的市场分割加剧。值得警惕的是，通用设备制造、交通运输设备制造等下游工业品的分割态势明显加剧。

上述内容参见图6、表2所示。

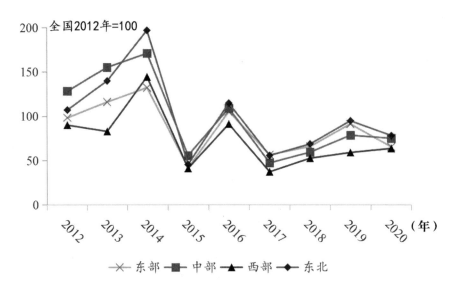

图6 我国四大区域工业品市场统一性指数走势

数据来源：作者测算得出。

表2 分类工业品市场统一性指数

工业品	2020年	2012年	差值
煤炭开采和洗选	0.25	0.21	−0.04
石油和天然气开采	0.28	0.13	−0.15
黑色金属矿采选	0.19	0.11	−0.08
有色金属矿采选	0.27	0.16	−0.12
非金属矿采选	0.32	0.17	−0.15
农副食品加工	0.36	0.45	0.09

（续表）

工业品	2020年	2012年	差值
食品制造	0.38	0.54	0.16
酒、饮料和精制茶制造	0.63	0.59	−0.05
烟草制品	0.65	1.33	0.68
纺织	0.37	0.35	−0.02
纺织服装、服饰	0.40	0.56	0.16
皮革、毛皮、羽毛（绒）及其制品	0.18	0.29	0.11
木材加工及木、竹、藤、棕、草制品	0.36	0.42	0.06
家具制造	0.28	0.32	0.04
造纸及纸制品	0.46	0.45	−0.02
印刷业和记录媒介的复制	0.53	0.47	−0.06
文教体育用品制造	0.36	0.28	−0.08
石油、煤炭及其他燃料加工	0.27	0.19	−0.09
化学原料及化学制品制造	0.44	0.31	−0.13
医药制造	0.45	0.37	−0.08
化学纤维制造	0.27	0.17	−0.10
非金属矿物制品	0.34	0.31	−0.03
黑色金属冶炼及压延加工	0.42	0.33	−0.09
有色金属冶炼及压延加工	0.39	0.29	−0.10
金属制品	0.62	0.48	−0.14
通用设备制造	1.17	0.79	−0.38
专用设备制造	0.59	0.62	0.03
交通运输设备制造	0.83	0.62	−0.21
电气机械及器材制造	0.56	0.62	0.06
计算机、通信和其他电子设备制造	0.31	0.37	0.06
废弃资源和废旧材料回收加工	0.17	0.15	−0.02

数据来源：作者测算得出。

（三）劳动力市场波动中趋于统一

我国劳动力市场整体趋于统一，但2016年以来的市场分割态势加剧。从长期趋势来看，随着我国户籍制度改革深入推进，劳动力市场统一性程度明显提升，2021年的统一性指数较2005年提高217.5%，我国劳动力市场统一性建设取得进展。从短期波动来看，近年来劳动力市场的分割态势加剧，可能与各地愈演愈烈的"人才争夺战"有关，2017年以来部分地区采取了放松户籍、人才补贴等政策吸引劳动力，但是部分地区的社会保障、公共服务、干事创业等"软环境"欠缺，人才引进后又流失的现象时有发生，还有部分地区简单追求高大上、高精尖，唯学历和"头衔"是论，明明有合适人选，却舍近求远，宁愿花大价钱从外地引进类似人才，甚至出现"招进女婿气走儿"现象（何浩民，2018），一定程度上恶化了劳动力配置，加剧了劳动力市场分割。如图7所示。

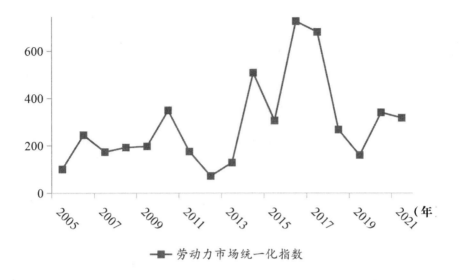

图7 我国劳动力市场统一性指数走势

数据来源：作者测算得出。

　　我国劳动力市场统一性程度低于欧盟。根据测算结果（如图8所示），与2010—2014年相比，2015—2018年欧盟劳动力市场统一性程度有所下降。从绝对水平的比较来看，我国劳动力市场统一性程度低于欧盟，同口径下，2015—2018年我国劳动力市场统一性指数是欧盟的25.9%。部分城市落户门槛较高、不少城市落户存在"隐形门槛"等，是导致我国劳动力市场统一性程度较低的重要因素（欧阳慧和吕云龙，2022）。

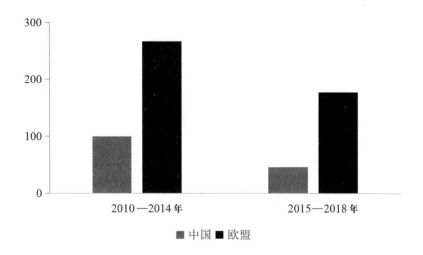

图8 中国与欧盟劳动力市场统一性程度比较

数据来源：作者测算得出。

东北地区、中部地区与全国劳动力市场的统一性高于东部地区和西部地区。从区域来看，四大区域性市场与全国市场的统一性与全国平均水平走势一致。从各区域与全国市场统一性指数的均值来看，东北地区和中部地区最高，西部地区次之，东部地区最低。从省份来看，河南、福建、四川、吉林、江西、广西、湖南、江苏等省份与全国劳动力市场的统一性程度较高。从时间趋势来看，2005—2021年，西藏、青海、内蒙古、甘肃、山东、湖北等省份的市场统一性程度提升明显。如图9所示。

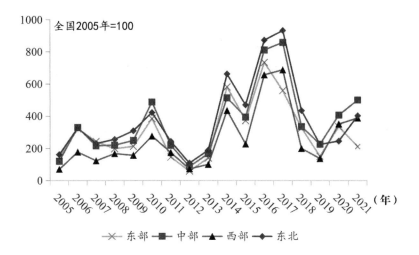

图9　我国四大区域劳动力市场统一性指数走势

数据来源：作者测算得出。

四、区域市场一体化的量化分析

《中共中央 国务院关于加快建设全国统一大市场的意见》中提到，鼓励京津冀、长三角、粤港澳大湾区，以及成渝地区双城经济圈、长江中游城市群等区域，在维护全国统一大市场前提下，优先开展区域市场一体化建设工作。基于此，同时考虑到数据可得性，本文选取京津冀、长三角两个区域，对其市场一体化程度展开分析。

（一）京津冀

京津冀区域主要包括北京市、天津市、河北省。实现京津冀协同发展是一个重大国家战略。本文通过测算京津冀区域北京市-天津市、北京市-河北省、天津市-河北省等两两省份市场的一体化指数，再取平均，得到京津冀区域市场的一体化指数。

1.京津冀消费品市场一体化程度低于全国平均

从时间趋势来看，2003—2022年京津冀消费品市场一体化程度明显提高，2022年较2003年提高137.4%，提升幅度高于全国。从绝对水平来看，京津冀区域、京津冀与其他区域消费品市场一体化程度均略低于全国。如图10所示。

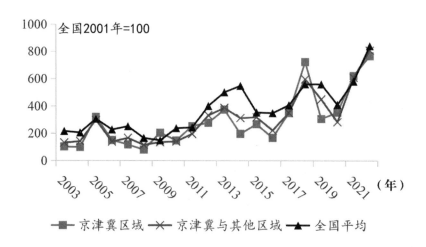

图10　京津冀消费品市场一体化指数走势

数据来源：作者测算得出。

2.京津冀工业品市场一体化程度明显高于全国平均

从时间趋势来看,2020年京津冀工业品市场一体化指数与2012年基本持平。从绝对水平来看,京津冀区域工业品市场一体化程度明显高于京津冀与其他区域以及全国平均,2018—2020年京津冀工业品市场一体化指数较全国平均高出1倍。如图11所示。

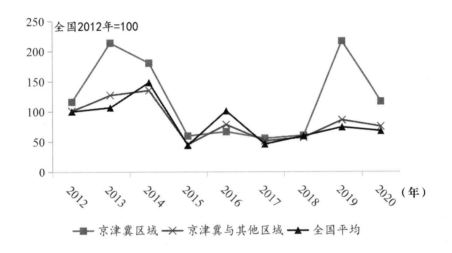

图11 京津冀工业品市场一体化指数走势

3.京津冀劳动力市场一体化程度明显低于全国平均

从时间趋势来看,2003—2021年京津冀区域劳动力市场一体化指数走势与全国基本一致,下滑幅度相对更大。从绝对水平来看,京津冀区域劳动力市场一体化程度明显低于京津冀与其他省份以及全国平均水平,过去5年(2017—2021年)京津冀区域劳动力市场一体化指数仅为全国平均的66.8%。如图12所示。

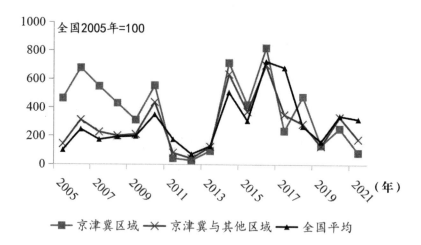

图12　京津冀劳动力市场一体化指数走势

数据来源：作者测算得出。

（二）长三角

长三角区域主要包括上海市、江苏省、浙江省、安徽省等4个省份，2018年11月5日长江三角洲区域一体化发展上升为国家战略。本文通过测算长三角区域上海市-江苏省、安徽省-江苏省、上海市-浙江省、上海市-安徽省、江苏省-浙江省、浙江省-安徽省等两两省份的市场一体化程度，再取平均，即可得到长三角区域市场的一体化程度。

1.长三角区域消费品市场一体化程度略高于全国

从时间趋势来看，过去20年来，长三角区域、长三角与其他区域消费品市场一体化指数与全国平均走势基本接近，其中，2022年长三角区域消费品市场一体化指数较2003年提升137.4%。

从绝对水平来看，长三角区域消费品市场一体化程度略高于长三角与其他省份以及全国平均水平，过去三年（2020—2022年），长三角消费品市场一体化指数比全国高出20%。如图13所示。

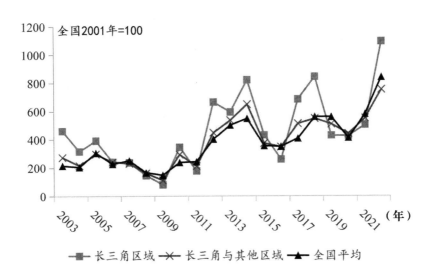

图13 长三角消费品市场一体化指数走势

数据来源：作者测算得出。

2.长三角工业品市场一体化程度明显高于全国

2012—2020年，长三角工业品市场一体化指数走势呈现高位波动下降态势。从绝对水平来看，长三角区域工业品市场一体化程度明显高于长三角与其他省份的一体化程度，同时也高于全国平均水平，过去3年（2018—2020年），长三角工业品市场一体化指数比全国高出1.5倍。如图14所示。

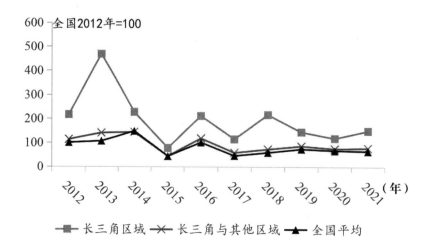

图14 长三角工业品市场一体化指数走势

数据来源：作者测算得出。

3.长三角劳动力市场一体化程度明显高于全国

2003—2022年，长三角劳动力市场一体化程度走势与全国基本一致，但是波动幅度加剧。从绝对水平来看，长三角区域劳动力市场一体化程度明显高于长三角与其他区域的一体化程度以及全国平均，过去5年（2017—2022年），长三角劳动力市场一体化指数比全国高出接近1倍。如图15所示。

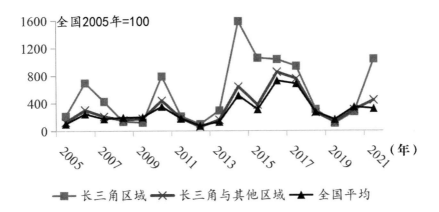

图15　长三角劳动力市场一体化指数走势

数据来源：作者测算得出。

五、政策建议

（一）建立市场统一性的动态量化评估体系

以相对价格法为基础，通过科学建模，建立一套合理有效的市场统一性动态量化评估体系。强化动态跟踪评估，尤其是要警惕经济下行时重点区域消费品市场的地方保护主义抬头、资源供需失衡时部分地方政府阻碍资源流出或流入的保护主义倾向，以及人口减少叠加老龄化背景下地方政府对劳动力的恶性竞争。基于大数据、高频数据分析，及时发现统一大市场建设中存在的问题，以督促整改检查。

（二）加快清理重点领域的市场壁垒

在消费品方面，加快清理燃料类、金银珠宝类、中西药品及医疗保健用品类、交通通信用品类等市场存在的壁垒，畅通商品自由流动。工业品市场分割程度仍然较高，要优化重大生产力布局，指导各地区按照比较优势、要素禀赋发展产业，杜绝低层次重复建设和过度同质竞争。在劳动力要素方面，持续放宽城市的落户政策，加强落户政策制定的全国协同性，同时谨防地方政府因对劳动力的不正当竞争行为而加剧劳动力市场分割。

（三）优先开展区域市场一体化

以京津冀、长三角、粤港澳大湾区，以及成渝地区双城经济圈、长江中游城市群等重点区域为突破口，优先开展区域市场一体化，提高区域市场制度规则统一、市场设施高标准联通、市场监管公平统一，重点推进要素、工业品市场高水平统一。总结长三角区域推进市场一体化建设的典型经验和做法，在更大范围内复制推广。推动重点区域内和区域间的市场统一性建设，着力破除跨区域制度障碍，推动形成全国统一大市场。

（四）建设全国统一的交易市场

建立健全全国性交易市场，规范各类交易中心建设，加强各类交易市场的互联互通。进一步发挥全国交易中心作用，推动完善全国统一的交易市场。完善商品期货产品体系，优化交易场所、交割库等重点基础设施布局，提高期货市场的定价影响力。

（五）完善政府官员绩效考核体系和财政税收体制

完善政府官员绩效考核体系，将经济发展的质量效率、市场建设赋予更高权重，弱化地方政府保护市场的动力。调整优化政府间的事权财权配置，适时将部分影响统一大市场的事权进行上移。构建横向财政协调机制和区际利益补偿机制，避免地方政府为争夺税收而开展地方保护。

参考文献

余东华,刘运.地方保护和市场分割的测度与辨识——基于方法论的文献综述[J].世界经济文汇,2009(1):80-93,49.

吕冰洋,贺颖.中国特色财政激励体制:基于统一市场的视角[J].中国社会科学,2022(4):24-43,204-205.

郑毓盛,李崇高.中国地方分割的效率损失[J].中国社会科学,2003(1)1:64-72,205.

陆铭,陈钊.分割市场的经济增长——为什么经济开放可能加剧地方保护[J].经济研究,2009,44(3):42-52.

吕越,盛斌,吕云龙.中国的市场分割会导致企业出口国内附加值率下降吗[J].中国工业经济,2018(5):5-23.

陈东琪,银温泉,臧跃茹.打破地方市场分割[M].北京:中国计划出版社,2002.

李善同,侯永志,刘云中,等.中国国内地方保护问题的调查与分析[J].经济研究,2004(11):78-84,95.

刘志彪.全国统一大市场[J].经济研究,2022,57(5):13-22.

刘翔峰.全国统一大市场建设的逻辑机理与实施对策[J].开放导报,2022(3):75-82.

周黎安.晋升博弈中政府官员的激励与合作——兼论我国地方保护主义和重复建设问题长期存在的原因[J].经济研究,2004(6):33-40.

兰小环. 置身事内:中国政府与经济发展[M]. 上海:上海人民出版社, 2021年.

欧阳慧,吕云龙.我国户籍制度改革进展及面临的新形势[J].中国物价,2022(6):9-11.

臧跃茹.关于打破地方市场分割问题的研究[J].改革,2000(6):5-15.

黄玖立,李坤望,黎德福.中国地区实际经济周期的协同性[J].世界经济,2011,34(9):19-41.

刘志成.加快建设全国统一大市场的基本思路与重点举措[J].改革,2022(9):54-65.

王永钦,张晏,章元,等.中国的大国发展道路——论分权式改革的得失[J].经济研究,2007(1):4-16.

刘瑞明.国有企业、隐性补贴与市场分割:理论与经验证据[J].管理世界,2012(4):21-32.

白重恩,杜颖娟,陶志刚,等.地方保护主义及产业地区集中度的决定因素和变动趋势[J].经济研究,2004(4):29-40.

Poncet S. Measuring Chinese Domestic and International Integration[J]. China Economic Review,2003(14):1- 21.

Xu X. Have the Chinese Provinces Become Integrated under Reform [J].China Economic Review,2002(13):116- 133.

Young A. The Razor's edge: Distortions and incremental reform in the People's Republic of China[J].Quarterly Journal of Economics,2000,115(4):1091-1135.

Naughton. How Much Can Regional Integration Do to Unify China's Markets [R]. Conference for Research on Economic Development and Policy Research,Stanford University,2000.

国际主权债务危机爆发的原因及对我国启示

郭万福

内容提要：当前，全球爆发新一轮主权债务危机的风险上升。本文归纳历次主权债务危机爆发的共性原因与规律，对我国借鉴危机经验教训、识别我国主权债务风险点、做好相关风险的防范、化解与应对提出建议。

2020年初以来，新冠疫情全球蔓延，世界经历"二战"以来最严重的经济衰退，为此，主要经济体采取了较大力度的扩张货币政策和财政政策。由于美联储等发达国家央行误判通胀趋势，导致其面临半个世纪以来的高通胀。其后，为了应付高通胀，美联储等央行又开启了暴力加息模式，2022年已经加息6次，分别为3月加息25个基点，5月加息50个基点，6月、7月、9月、11月各加息75个基点（75个基点加息为1994年11月以来的最大单次加息幅度），累计加息达到375个基点，且在2022年11月的声明中暗示继续加息，此轮加息强度前所未见，引起全球金融市场巨幅波动。受美联储暴力加息、疫情冲击、财政状况恶化等多重因素影响，部分欧元区国家、新兴市场国家和低收入国家爆发新一轮主权债务[1]危机的风险上升。当前，有必要树立底线思维，借鉴历史上历次主权债务危机的经验教训，研判其中的共性原因与规律，识别我国主权债务风险点，做好相关风险的防范、化解，特别是有效应对新一轮债务危机对我国形成的输入性风险。

一、全球主权债务风险上升

当前，全球债务水平达到新一轮高潮，公共部门债务水平迅速增长。国际金融协会（IIF）2022年2月发布的《全球债务监测》报告显示，2021年全球债务总额首次突破300万亿美元，达到303万亿美元，创历史新高，债务占全球GDP比重为351%，其中，仅公共债务就接近GDP的100%，远高于2019年的83%。2021年新增的超过八成债务来自新兴市场国家，新兴市场国家的债务比2020年增加8.5万亿美元，超过了95万亿美元，占GDP比重约为248%，比疫情前增加了20%以上。

在美联储等央行暴力加息影响下，全球爆发新一轮主权债

---

[1] 本文主权债务是指代表国家举借的、以国家信用作为担保、保证偿还的所有债务，既包括内债也包括外债。

务危机的风险上升。原本全球2021年的债务增速因世界经济增速提升而略有缓和，但是美联储等各国央行2022年为了控制高通胀的激进加息以及经济增速的快速回落，令全球债务或再度加速增长。目前世界经济增长预期正被不断下调，IMF下调美国2022年GDP增幅预期至2.3%，2022年6月预测为2.9%。IMF将美国2023年GDP增长预期从2022年6月的1.7%下调至1.0%。按照国际清算银行的统计数据，截至2021年，新兴市场国家的美元债务达到4.2万亿美元，比10年前翻了2倍。美联储暴力加息，进一步加剧新兴市场国家债务危机风险。美联储加息在推高美元的同时，也带动美国国债收益率屡创新高，2022年10年期美国国债收益率突破了4.28%这一过去15年的最高点，新兴市场国家的偿债利率成本由此大幅拉升。

当前，美元已经登上20年来的最高点位，新兴市场货币集体大幅沉沦，2022年以来平均贬值幅度超过了8%，贬值超过两位数的更不在少数。本币汇率走弱意味着从绝对数量上来看，新兴市场国家的偿债压力显著加大，同时，本币贬值也导致了国际资本逃离新兴市场。而为了阻止美元升值以及资本出逃给本币形成的过度负重力，新兴市场国家又不得不在外汇市场抛出美元，结果导致了本不丰实的外汇储备家底更为羸弱。按照IMF公布的数据，2022年新兴市场国家中央银行共动用约3800亿美元的外汇储备干预市场，外汇储备创下近8年来的最快降速。相应地，外汇储备与外债总额之比由2021年的3倍有余降至目前的2.3倍不到，显示新兴市场的后续偿债能力进一步趋弱。

作为2022年首个破产的国家，斯里兰卡的债务违约已成事实。日前接受过IMF贷款援助的南美国家阿根廷也在破产的边缘徘徊，贸易赤字严重超标的土耳其随时可能拉响违约的警报，另外埃及、巴基斯坦、乌克兰等十余个新兴市场国家正在债务泥潭中挣扎。按照IMF的报告推算，目前新兴市场有约2370亿美元的外债面临违约风险。同时，世界银行发出警告，25%的新兴市场正处于或接近债务困境，60%以上的低收入国家面临债务困境。新兴市场国家的主权债务主要是对外负债，规模占比超过主权债务的2/3，并且很大一部分还是短期负债，偿债的高压力与紧迫性较大。

二、主权债务危机爆发的原因

近半个世纪以来已有多个国家发生过主权债务危机，包括20世纪80年代拉美国家债务危机、1998年俄罗斯主权债务危机、2001年阿根廷债务危机、2009年阿联酋债务危机、2009年欧洲债务危机。虽然历次主权债务危机发生时的国际环境和国家具体情况各不相同，但归纳来看，具有一定共性原因和规律。

（一）外债非生产性使用引起的主权债务危机

20世纪80年代爆发的拉美债务危机，以及2001年的阿根廷债务危机，是非生产性使用引起的外债危机。1982年，墨西哥宣布无法偿还外债本息，巴西、委内瑞拉、阿根廷、秘鲁、智利等拉美国家相继出现外债违约，在1990年之前，这几个国家的外债负债率（外债余额/GDP）普遍高于40%，秘鲁1998年的外债负债率甚至高达119.05%，远远高于20%的国际警戒线。在"布雷迪计划"下，通过债务减免、债务重组等方式，直到2003年之后，拉美大部分国家才走出债务危机。

外债的非生产性使用是拉美债务危机的诱因。与外债规模相比，更重要的是外债使用效率，拉美部分债务资金用于投资效率低的大型公共事业，还有大量债务资金用于非生产性支出，或是弥补国营企业亏损、购置军火等。例如1974年委内瑞拉政府的日常开支占预算的34%，1979年增至60%，同期生产发展资金所占比重则由56%降至23%；阿根廷军事开支占GDP比重最高达到4.72%（1978年），而1974年之前很少超过2%；秘鲁军事开支占GDP比重最高达到8.21%（1977年），远远超过当年世界平均值3.76%。

欧债危机也是由非生产性债务引起的，希腊、西班牙、意大利等国没有利用债务资金来改善经济结构，反而加大消费和福利支出，为危机埋下隐患。

（二）汇率巨幅贬值引起的主权债务危机

1997年亚洲金融危机和1998年俄罗斯债务危机，都是因汇率大幅贬值而引起的外债危机。以1997年亚洲金融危机为例，从20世纪70年代开始，被称为"亚洲四小虎"的泰国、马来西亚、菲律宾和印度尼西亚吸引了大量投资，也举借了不少外债。菲律宾在1977—2006年、印度尼西亚在1985—2005年，外债负债率长期超过40%；泰国在1993—2002年的外债负债率也超过40%。1997年，菲律宾、泰国和印度尼西亚的外债负债率分别高达61.58%、63.19%和73.07%，远高于同期拉美国家的外债负债率（委内瑞拉为51.6%、秘鲁为51.12%、阿根廷为43.79%、墨西哥为29.74%、巴西为22.53%）。

汇率巨幅贬值是亚洲金融危机爆发的导火索。1997年之前，东南亚国家普遍采取以美元为主的联系汇率制，这是一种固定汇率制度。以索罗斯为代表的国际投资者在外汇现货市场大量卖出东南亚国家货币，这一做空机制导致东南亚国家的汇率巨幅贬值。从1997年7月至1998年1月，泰铢、韩元、林吉特的贬值幅度分别为128.8%、103.6%、87.7%，新加坡元贬值幅度为25.9%，即使是当时经济实力很强的日本，日元的贬值幅度也达到15.6%。汇率巨幅贬值使得东南亚国家的外汇储备大幅缩水，这些国家因无力偿还外债而演变为外债危机，并进一步传导至金融领域和实体经济，变成金融危机和经济危机。

1998年俄罗斯主权债务危机同样与汇率大幅波动密不可分。在金融市场几乎崩盘的情况下，1998年8月17日，俄政府宣布把卢布与美元的浮动汇率幅度扩大到1美元兑换6～9.5卢布，很多兑换点都把比价调整到接近上限，实际上等于宣布卢布贬值50%。至当年9月9日，1美元已可兑换20卢布左右，卢布再度贬值一半。在卢布迅速大幅贬值背景下，俄政府宣布将短期国债转换为3～5年的长期债券，并暂停90天支付外债。

（三）经济发展模式不可持续引起的主权债务危机

经济结构单一，对外依存度较高，具有内在脆弱性。从拉美危机来看，拉美国家在消费与生产领域高度依赖进口，虽然有关国家施行了进口替代工业化战略，限制部分工业品进口，但国内企业仍需进口技术、设备和原材料，进口产生的外汇需求较大。同时出口创汇的农、矿等初级产品，易受到国际商品价格波动影响，影响创汇和偿债能力。

从阿联酋迪拜危机来看，迪拜经济结构以房地产业、金融业、旅游业和物流业为支撑，产业结构空心化，过度依赖这些"顺周期"产业来拉动经济增长。这种经济发展模式激进而脆弱，激进在于全球经济发展良好时可以实现快速发展，脆弱在于一旦全球经济出现危机，也会首当其冲，经济发展不具可持续性。此外，迪拜政府采取过度开放的金融政策，完全取消外汇管制，允许货币自由流动，将本币与美元长期挂钩，以低利率、资本自由进出的宽松政策吸引外资，在2008年国际金融危机的影响下，国际资本大量外流，资产价格急剧缩水，最终爆发外债危机。

从俄罗斯危机来看，20世纪90年代俄罗斯继承前苏联的资本密集型基础工业，现代产业极为落后，食品工业、轻工业严重不足，对外贸的依存度过高，贸易额约占GDP的35%，主要依靠出口石油、天然气等能源和初级产品（占出口额的70%以上），以换取食品、日用消费品（占进口额的30%以上），经济易受到国际能源价格波动影响。

（四）政府超越经济发展阶段过度举债引起的主权债务危机

从拉美危机来看，拉美国家实行"高目标、高投资、高速度"方针，对经济发展提出不切实际的目标。为实现经济发展目标只能依赖政府举债和外资投入。1982年末，墨西哥政府债务占GDP比重为32%，较1980年末翻了一番，公共赤字占GDP达到18%；同年，阿根廷政府债务占GDP的比重为51%，较1980年末增长4倍。1984年末，巴西政府债务占GDP比重达91%，较上年末翻了一番。

从欧债危机来看，"财政疲劳"是欧洲主权债务危机的导火索。"财政疲劳"意味着主权债务应该存在一个上限，低于上限的主权债务可以促进经济增长，高于上限的主权债务不仅对经济增长起着反作用，而且主权债务自身的风险就足以引发经济衰退。在2008年国际金融危机的冲击下，为防止经济下滑，各国普遍倾向于采取扩张性的财政政策，其中约有一半为医疗、住房、教育等福利支出，财政收支出现失衡，政府无力维持债务可持续性，出现了"财政疲劳"。2010年，欧洲主权债务危机爆发之时，"欧洲五国"的葡萄牙、意大利、爱尔兰、希腊、西班牙的赤字率分别为11.4%、4.24%、32.06%、11.2%、9.53%，政府负债率分别为105.67%、124.36%、83.49%、129.1%、67.38%，均超过警戒线。投资者出于担心而大量抛售这些国家的国债，导致欧洲主权债务危机爆发。

从俄罗斯危机来看，俄罗斯政府收入不足，20世纪90年代财政赤字约为GDP的10%，1998年俄罗斯一般政府债务占GDP的比重高达135%。

从2001年阿根廷危机来看，阿根廷经济连续负增长，而为了维护与美元1比1的固定汇率被迫多次加息，只能通过更为积极的财政政策来刺激经济，2002年末中央政府债务占GDP的比重增长至152%，较上年末增长2倍。

三、我国爆发主权债务危机研判

当今世界处于百年未有之大变局时期，在疫情冲击下，产业链、供应链循环受阻致使部分国家经济秩序受到挑战，各国逆全球化思潮和主权意识觉醒，其谋求发展与应对危机的政策逐渐向战时模式靠近，显示出"以我为主、更趋激进"的态势，国际规则体系和协调机制受到明显冲击。与此同时，我国经济长期向好的基本趋势没有改变，政府债务和赤字水平总体稳健，具有充足的宏观政策空间和丰富的政策工具来应对危机，因此我国爆发主权债务危机的可能性较低。

但我国也具备削弱我国主权债务偿付能力的个别阶段性特征和薄弱环节，包括我国经济的对外依存度较高，仍面临经济发展不平衡的矛盾；我国政府负债率上升较快且具有较高的隐性债务规模；我国政府投资收益近年呈下降趋势，短期外债占比较高，金融业对外开放步伐明显提速，跨境资本流动风险加大；我国还面临新冠疫情、全球百年大变局等外部冲击。内外部压力明显增加，尤其是美中关系阶段性恶化，不排除美在极端场景下对我国采取更多手段出击，从而造成我国综合国力损失和主权债务风险。同时，当前形势下需警惕外部对我国输入风险。

（一）我国爆发主权债务危机的可能性低

我国具有雄厚经济基础、巨大市场潜力、亿万劳动人民的智慧，经济与社会结构稳健，长期向好的基本趋势没有改变。我国经济潜力足、韧性强，产业结构平衡发展。我国具备全球最完整、规模最大的工业体系和强大的生产能力；拥有1亿多市场主体和1.7亿多受过高等教育或拥有各类专业技能的人才；拥有包括4亿多中等收入群体在内的14亿人口所形成的超大规模的内需市场；正处于新型工业化、信息化、城镇化、农业现代化快速发展阶段，投资需求潜力巨大。2020年底我国即将努力实现全面建成小康社会目标任务，夺取脱贫攻坚战全面胜利。总体看，我国不具备危机土壤。

我国政府债务和赤字水平总体稳健。根据IMF（货币基金组织）统计，2018年末，我国一般政府债务占GDP的比重为50.6%，从国际上来看处于中等水平，与发展中经济体整体水平相当，低于拉美国家67%的水平，远低于发达经济体102.0%的水平。我国赤字率从全球来看水平不高。受疫情影响，各国赤字率均大幅增加，IMF预测2020年全球平均赤字率将从3.7%提高到9.9%。我国2020年赤字率上调至3.6%以上，赤字水平相对来说仍不高。外债各项指标基本在国际公认安全线内，我国外债负债率为14.3%，债务率为77.8%，偿债率为6.7%，均在国际公认的

20%、100%、20%安全线内。我国资本账户尚未完全自由兑换，具备资本管制的防火墙，可在一定程度上防范资本外逃导致本币大幅贬值、外汇储备不足引发的外债偿付风险。

我国具有充足的宏观政策空间和丰富的政策工具。相对于发达经济体，我国尚可使用常规的政策手段来进行宏观调控。目前我国银行业的平均准备金率为9.4%，其中，大型商业银行存款准备金率为12.5%，降准1个百分点即可释放流动性资金约1.5万亿元。我国各期限国债利率在1%～3%区间，距离零利率仍有空间。相较于目前国际上主要经济体的央行资产负债表近几年的大幅扩张，我国央行资产负债表规模基本稳定在36万亿元左右。我国通过改革和创新来提升宏观调控的质效，通过利率市场化改革，引导企业融资成本下降；通过创新直达实体经济的货币政策工具，促进金融与实体经济良性循环。同时，我国具有较高的赤字货币化空间以应对极端场景下的主权债务风险，作为主权债务风险的安全防线。

（二）我国爆发主权债务危机的风险环节

我国经济对外依存度较高，仍面临经济发展不平衡等结构性矛盾。我国高度参与全球产业分工，经济对外依存度较高。改革开放以来，我国进出口总额占GDP的比重逐年大幅上涨，至2006年达到64%的最高点后有所下降，2019年我国进出口总额占GDP比重仍达到32%。同时，我国仍面临发展不平衡、不充分的矛盾，包括城乡发展不平衡、区域发展不平衡、经济结构和收入分配结构有待优化和完善等结构性问题。

我国政府负债率上升较快且具有较高的隐性债务规模。根据IMF统计，2018年末，我国一般政府债务占GDP的比重为50.6%，虽然从国际上来看处于中等水平，但增速较快，较2008年翻了一番。且我国仍有较大规模的隐性债务，初步估计考虑隐性债务后，我国的政府负债率在国际上排名将大幅提前。我国的政府投资收益近年呈下降趋势。根据IMF测算，我国的政府资产负债表中，政府融资资产回报率从2010年的5%逐年下降至2017年的3.5%，地方政府融资平台投资回报率从2010年的4.5%下降至2017年的2%。政府净资产占GDP的比重从2009年23%的高点下降至2017年的10.5%。我国短期外债占比较高，由2000年的9%上升至2013年的峰值78.4%，近年来一直保持在60%以上，远超过国际认可的安全线（20%~25%）。我国外汇储备对外债的覆盖率亦呈下降趋势。我国金融业对外开放步伐明显提速，跨境资本流动风险加大。截至2020年3月，境外机构持有境内人民币金融资产规模达6.4万亿元，其中，持有股票1.9万亿元、债券2.3万亿元。在海外市场波动期间，境外资金卖出成为影响我国国内市场走势的重要力量，国际投机性资本外流对人民币汇率、外汇储备和外债偿付能力形成一定压力。

我国面临新冠疫情、全球百年大变局等因素冲击，内外部压力明显增加。从内部压力来看，疫情造成经济大幅下行，2020年一季度我国GDP增速−6.8%，IMF预测我国2020年经济增长1.2%，增幅大幅低于以往水平。银行业不良资产压力陡增，金融风险不容小视。一旦经济下行与金融风险叠加共振，政府将需要加大救助力度，政府债务和赤字将进一步上升。从外部压力来看，当今世界正处于百年未有之大变局，新冠疫情加速国际秩序重构，全球化遭遇逆流，各国主权意识觉醒，美中关系阶段性恶化。不排除美在极端场景下针对我国采取更多出击手段，对我国实施"长臂管辖"，甚至联合国际势力形成全面"排华"的孤立策略，从舆论煽动、主权评级下调、国际资本撤出与做空我国、经济金融领域制裁，甚至对我国实施金融封锁等方面造成我国国力损失、人民币贬值和主权债务风险。与此同时，人民币在国际货币体系中的地位较发达经济体尚有差距，人民币汇率易受美元影响，我国央行货币政策空间会受到外部掣肘，对主权债务尤其是主权外债风险的化解能力较发达经济体仍有差距。一旦美国向我国发动金融攻击，需警惕人民币大幅贬值←——资本外流←——外债偿还压力增加←——内债通过货币化偿还空间受阻←——爆发主权债务风险的风险链条。

（三）我国的外部输入性风险不容忽视

当前，新冠疫情导致全球经济严重衰退，社会矛盾更加突出，逆全球化进程促使全球资源要素重新配置，产业链布局和国际分工进入调整期，全球主权债务风险持续酝酿。欧美等发达经济体践行财政赤字货币化，不断试探发达经济体赤字货币化规模的底线。而我国经济与全球经济已深度融合，如果全球经济持续低迷，甚至爆发主权债务风险，将通过多种渠道对我国形成输入性风险。经济方面，我国面临外需收缩、国际产业分工格局深刻调整所导致的我国产业链供应链重构调整、外资撤出与对外贸易投资萎缩等风险；金融方面，我国面临主权债权损失、金融业资产质量下降、资产泡沫化程度加深、跨境资本大进大出、全球金融市场震荡传导等风险；同时，造成我国宏观政策的独立性受到掣肘，宏观调控和风险应对空间或受到影响。

四、对策建议

中央经济工作会议指出，金融事关发展全局，我们要牢牢守住不发生系统性经济金融风险。我们应加强底线思维，研判识别可能引发主权债务风险的底线因素，充分做好应对准备。

一是更加关注结构性问题，用好结构性政策工具。当前全球经济增长乏力，靠"做大蛋糕"来解决发展中面临的不平衡、不充分等问题不可持续，结构性问题的严峻性浮出水面。同时，全球贫富分化已达到较高水平，美国最富有的0.1%和最贫穷的90%人群拥有相同净财富，出现侵蚀社会稳定的苗头和倾向。我国经济发展也由高速增长阶段转向高质量发展阶段，疫情冲击和实施大规模货币投放等救助政策容易助长财富分配不均。下一阶段我国应更加重视结构性矛盾，关注收入分配等结构性问题，用好结构性政策工具，以点带面，发现并解决苗头性、倾向性问题。

二是推动经济高质量发展，畅通经济循环。贯彻新发展理念，坚持以供给侧结构性改革为主线，推动经济发展质量变革、效率变革、动力变革，提高全要素生产率，建设现代化经济体系。加大政策支持力度，积极的财政政策要更加积极有为，稳健的货币政策要更加灵活适度，集中力量抓好"六稳""六保"各项工作。减少核心产业对外依赖，巩固我国产业链优势地位，攻克"卡脖子"关键技术，推动经济结构转型升级，促进形成以国内循环为主、国际国内互促的双循环发展格局。

三是提升政府投资效率，严堵地方政府隐性债务。债务的风险根本上来源于资金使用的低效和投资的失败，财政政策要提质增效，减少截留挪用与跑冒滴漏，防止道德风险；货币政策要把好资金流向关口，防止脱实向虚。加强对地方政府隐性债务的监控，厘清政府债务与企业债务边界，坚决遏制地方政府增加隐性债务。鼓励地方政府完善内部治理与强化外部约束，严格债务管理。

四是持续完善人民币汇率形成机制。保持人民币汇率在合理均衡水平上基本稳定，警惕人民币被动大幅贬值与资本外逃负向循环所引发的外汇储备大幅下降等风险；不断优化我国外债结构，控制好短期外债规模；优化外汇储备资产配置结构，增大资产配置的灵活性和多元性，区分外汇储备中的外债属性、国际游资、出口沉淀等构成部分，做好应对预案，提高外储抵御风险和保障债务偿还的能力；持续扩大对外开放，以开放促改革促发展；构建跨境资本流动宏观管理框架，密切监测跨境资本流动态势，建立资本管制防火墙，守住底线。

五是加强我国对外债权风险监测预警。我国作为全球最大的债权国，要积极协调全球债务治理，增强国际事务中主动协调的能力，下好先手棋。对国际提出的低收入国家减债倡议，充分考虑政治外交等因素，以建设性姿态打好减债"牌"。增加债务的透明性与可持续性，避免国内金融机构海外无序竞争。加强海外主权债务监测预警。

六是做好极端情形的应对准备。加强内外部形势分析研判，在关注短期趋势的基础上，结合重大危机事件背后的逻辑，着眼大局、开阔思路，对疫情之后的国际政治经济格局变化进行深入研究，作出分析预判。有效防范境外主权债务危机导致国际金融市场动荡，从而对我国带来输入性金融风险，做实做细风险应对预案，有针对性地调整完善应对举措。

参考文献

王学凯.全球主权债务风险:表现形式、风险度量与传导机制[J].经济学家,2022(1).

王金强,黄梅波,崔文星.新冠肺炎疫情下全球主权债务治理困境及其应对分析[J].国际经济评论,2021(4).

李讯,侯娉,孙玉茗.发展中国家债务危机处理机制的国际经验及现实研究[J].金融发展研究,2020(12).

谢世清.历次主权债务危机的成因与启示[J].上海金融,2011(4).

刘元春,蔡彤娟.论欧元区主权债务危机的根源与救助机制[J].经济学动态,2010(6).

李东荣.关于主权债务危机的若干思考[J].中国金融,2010(5).

张晓晶,李成.欧债危机的成因、演进路径及对中国经济的影响[J].开放导报,2010(4).

何帆.欧洲主权债务危机与美国债务风险的比较分析[J].欧洲研究,2010(4).

郑皓予.拉美与欧洲主权债务危机的比较研究[D].北京:北京外国语大学,2019.

杨洋.我国主权债务风险测度、传染及预警研究[D].太原:山西财经大学,2018.

程道金.新兴经济体与发达主权债务危机成因比较研究[D].济南:山

东师范大学,2015.

孙亚伟.有关主权债务危机的文献综述[D].上海:华东师范大学,2012.

数字经济时代我国就业面临的风险及其应对策略研究

魏 巍

内容提要：2023年伊始，随着一批批潜力科学技术的进步与成熟，聊天机器人程序应用Chat GPT又一次引发了关于数字经济、人工智能会否替代就业的大讨论。纵观历史，每一次技术革命和产业变革都会对就业带来冲击，而数字经济给人们带来的"失业"焦虑更甚。数字经济是当今世界的重要经济形态，已经渗透人们生产生活的每个细节，并依托数字技术与数据要素而不断革新发展模式。就业是最大的民生。数字经济对就业是机遇还是挑战？值得我们深入细致地加以研究。

就业是最大的民生。以"数字技术"变革为核心的数字经济时代，对劳动力市场产生巨大冲击以及潜在的就业风险，主要包括新技术革命引发"机器换人"的就业替代效应、数字经济赋能绿色发展引发的技术性失业风险及新就业形态引发的劳动者权益保障缺失。这对我国稳定就业存量、扩大就业增量、优化就业结构和提升就业质量带来了新的挑战。切实防范和有效化解就业风险主要应对策略基础在"防"，重点在"治"，以"长效机制"为支撑，以重点群体为抓手，对于增进民生福祉，推动全体人民共同富裕具有重大的理论和政策意义。

一、引　言

自党的十九大明确提出实施乡村振兴战略以来，加快农业农村现代化、扎实推进农民农村共同富裕成为新时代的主旋律。同时，随着人工智能、区块链、云计算、大数据等底层数字技术的应用，网络平台及其承载的数据信息遍布生活的各个领域，形成了数字化的全新经济形态，人类社会逐渐进入了数字经济时代[1]。数字经济是继农业经济和工业经济之后的主要经济形态，深刻改变了人类社会的生产和生活方式。正如马克思在《资本论》中所言："各种经济时代的区别，不在于生产什么，而在于怎样生产、用什么劳动资料生产。"[2]以"数据"为生产要素、以网络信息为载体、以"数字技术"变革为核心的数字经济时代，

其迅猛发展将会对劳动力市场产生巨大冲击并将重塑劳动力就业结构。数字技术的应用减少了劳动力支出并大幅提高了劳动生产率，创造了大量与数字化相关的就业机会，但同时也导致了大量工作岗位的丧失，不仅淘汰了处在数字化改革浪尖上的低技能劳动者，对一些高端职业（如律师和法官等）也带来了一定影响。据麦肯锡全球研究院2020年调查数据显示，到2030年中国有多达2.2亿的劳动者可能因为数字技术而影响就业，有3.31亿农民工或将面临22%～40%的工作内容被机器替代的风险。

数字经济是应用新技术的一个主要领域。从工业革命开始，人们谈技术进步对产业的影响，就有这样一个说法——新技术在破坏旧岗位的同时，也创造更多新岗位。数字技术对就业的影响是把"双刃剑"——存在就业"创造效应"和"替代效应"。技术进步对我国就业具有滞后性且弹性较大，长期来说，对就业具有促进作用，技术变革催生了"创造性破坏"的过程，这一过程"不断从内部改革经济结构，不断破坏旧结构，不断创造新结构"，促进了信息技术与产业的深度融合，有助于传统产业由劳动密集型向技术密集型迈进，实现更绿色、更可持续的经济发展成果，从而创造可持续的就业机会。但短期来看，在就业人口整体受教育水平偏低和年龄构成偏大的国情下，我国从制造业大国快速迈向工业智能化国家的进程中，将面临低技能劳动力被替代而造成的结构性失业风险。同时，数字化增加的就业有别于正规就业，存在工作关系的法律认定、工作安全隐患、性别收入差距等问题，劳动者面临社会保障缺乏和双向制约机制缺失，这些均加剧了数字经济时代我国劳动力就业面临的风险。

就业是最大的民生，是宏观经济运行的重要环节[1]，是经济的"晴雨表"、社会的"稳定器"。我国坚持把促就业放在经济社会发展的优先位置，形成了积极的就业政策体系。党的十九大报告指出，"要坚持就业优先战略和积极就业政策，实现更高质量和更充分就业"。2018年9月，国家发展改革委、科技部、教育部等19个部门联合印发的《关于发展数字经济稳定并扩大就业的指导意见》指出，"大力发展数字经济促进就业为主线，加快形成适应数字经济发展的就业政策体系，不断拓展就业创业新空间，着力实现更高质量和更充分就业"。2020年2月，在统筹推进新冠疫情防控和经济社会发展工作部署会议上，会议决议强调要全面深化稳就业举措。2021年8月，国务院印发《"十四五"就业促进规划》，明确要求"必须深刻认识就业领域主要矛盾的变化，深入分析面临的挑战和风险，要促进平台经济等新产业新业态新商业模式规范健康发展，努力实现更加充分更高质量就业"。随着我国社会主要矛盾的转变，保增长、促就业成为当前经济结构转型和实现经济高质量发展的重中之重。

数字经济正在重塑世界经济版图，经济增长的下行压力将不断加大，加之疫情常态化，加剧了就业岗位创造和维持难度，就

---

[1] 凯恩斯.就业、利息和货币通论[M].南京:译林出版社,徐毓枬译,2011:3.

业的结构性失衡更加凸显，局部行业将面临规模性失业风险，我国劳动力就业形势变得更加复杂。扩就业总量与提就业质量是保障生活水平提升的源泉，是社会融合的渠道，是人民美好生活的重要组成部分。因此，数字经济背景下探讨我国就业面临的形势以及主要风险、切实防范和治理就业风险，是"十四五"期间我国实现"更加充分更高质量就业"目标的关键；是巩固脱贫攻坚与乡村振兴有效衔接的重要抓手；是实现社会经济高质量发展的基础；是保障社会公平与稳定的关键；是保护民生权益与增进民生福祉的需要；是促进全体人民共同富裕的根本。

二、新时代我国数字经济的发展情况探析

五年为序，十年为篇。为更好地深入研究我国数字经济与就业之间的关系，站在全局角度来窥探新时代我国数字经济的发展必不可少。总体来看，近些年来中国数字经济快速发展，"量""质"齐升，向方位更正、基础更牢、结构更优、动力更足迈进，一个名副其实的数字经济大国已跃然亚洲，屹立东方。

（一）数字经济规模跃升、结构优化、实力进阶

近年来，尤其是党的十八大后，中国数字经济规模实现超4倍增长，跃居世界第二位，增速远超全球平均水平，居世界第

一[1]。2021年，中国数字经济增速超GDP同期，数字经济核心产业占GDP比重约达8.1%，是新冠疫情防控常态化之下，中国经济社会稳增长、保就业、促民生的关键动能。其中，产业数字化与数字产业化占比实现8∶2，数字经济的内部结构不断优化，数字经济与实体经济融合发展渐入佳境。数字经济的跨越式发展，带动中国对世界经济增长贡献率达38.6%，超过G7国家贡献率总和。十年乘风破浪，我国数字经济已经成为全球经济增长的重要引擎，充满韧性与活力，备受世界瞩目。

（二）网络基础设施规模最大、技术领先、保障有力

最近十几年间，我国信息通信网络实现迭代跨越，建成全球规模最大、技术领先的网络基础设施。其中，光纤网络接入带宽实现从十兆到百兆再到千兆的指数级增长，移动网络实现从"3G突破"到"4G同步"再到"5G引领"的跨越。历史性地实现全国行政村"村村通宽带"，网络提速降费深入实施，宽带网络平均下载速率提高近40倍。截至2021年末，全国累计建成并开通5G基站142.5万个，占全球60%以上，实现全球最大的5G网络部署[2]。数字网络建设加速赋能经济高质量发展，成为网络强国、数字中国建设的关键底座。

---

[1] 苏德悦.2021年我国数字经济规模达45.5万亿元　占GDP比重达到39.8%[N].人民邮电,2022-07-11(3).

[2] 赵光霞,宋心蕊.《中国移动互联网发展报告（2022）》正式发布[N].人民网,2020-07-14.

（三）数字经济产业高速发展、深度融合

中国数字经济核心产业在过去"十二五""十三五"时期实现翻倍增长，2021年计算机、通信和其他电子设备制造业规模以上企业营收达到14.13万亿元，较2012年增长100.7%；软件及信息技术服务业规模以上企业营收达到9.5万亿元，较2012年增长283.1%（如图1所示）；算力核心产业规模超过1.5万亿元，近5年平均增速超过30%，新兴产业发展生机勃勃[1]。产业融合进程提速，农村电商由多点散布转为规模化、专业化发展，2021年农村网络零售额达到2.05万亿元，实现十数倍增长[2]；"中国制造"向"中国智造"加速升级，规模以上高技术制造业、装备制造业增加值占规模以上工业增加值的比重，较2012年分别提高5.7个、4.2个百分点[3]。

---

[1] 2021年软件和信息技术服务业统计公报[N]. http://www.gov.cn/shuju/2022-01/28/content_5670905.htm.

[2] 2021年全国网上零售额同比增长14.1%[N]. 人民日报, http://www.gov.cn/shuju/2022-03/22/content_5680356.htm.

[3] 数字化转型升级 中国制造向中国"智"造转变[N]. 中国证券报, http://www.xinhuanet.com/fortune/2021-06/30/c_1127611201.htm.

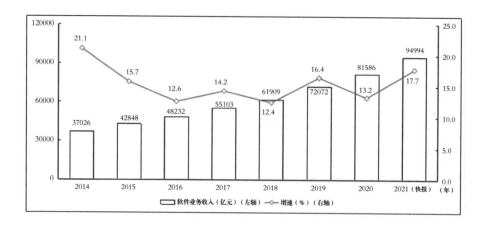

图1　2014—2021年软件业务收入增长情况

数据来源：工业和信息化部网站。

（四）数字经济创新支撑更强、转化加速、迭创佳绩

新时代开局良好，中国创新研发投入快速增长，2021年研究与试验发展（R&D）经费投入比2012年增长1.7倍，年均增长11.7%，投入规模仅次于美国，稳居世界第二位；R&D经费投入强度达到2.44%，比2012年提高0.53个百分点，接近OECD（经济与合作组织）国家平均水平。截至2021年末，中国有效专利数量达1542.1万件，比2012年末增长3.4倍；国际专利申请达6.95万件，连续三年位居世界第一，创新成果转化跑出"加速度"。国家战略科技力量加快壮大，数字技术引领力凸显，量子信息、铁基超导、干细胞等基础前沿研究涌现出一系列重大原创成果，载人航天、探月工程、超级计算等战略高技术领域取得重大突破，

"大国重器"亮点纷呈。2021年，中国创新指数居全球第12位，比2012年上升22位，摘取中等收入国家榜首桂冠。

（五）数字经济企业抢抓机遇、主动作为、欣欣向荣

2012年以来，我国新设数字经济核心产业企业数量达643万户，占比由10年前的6.3%提升至15.3%，其中，"数字技术应用业"和"数字要素驱动业"占比较高，数字赋能趋势凸显。以新技术、新产业、新业态、新模式为导向的"四新经济"企业新设2545.4万户，占新设企业总数超四成，成为经济新增长点。2021年中国"独角兽"企业数量突破300家，居世界第二位，其中一半以上聚焦人工智能、互联网服务、金融科技等数字经济重点领域。2022年世界500强中国独占145席，上榜企业数量蝉联榜首，华为、腾讯、阿里巴巴等数字经济企业强势崛起，业务能力覆盖全球、享誉中外[1]。

（六）数字政府改革深入推进、成效显著

新时代我国数字政府建设不断完善、数字社会建设加快部署，"一网通办""最多跑一次""一网统管""一网协同"等服务管理新模式广泛应用，在线政务服务能力和满意度显著提升。国家人口、法人、自然资源、经济数据等信息库基本建立，

---

[1] 2022年《财富》世界500强榜单上的145家中国公司[N]. 财富中文网, https://www.fortunechina.com/fortune500/c/2022-08/03/content_415686.htm.

以国家政务服务平台为总枢纽的全国一体化政务服务平台上线投入使用，涵盖46个国务院部门共1376项政务服务事项，直通31个省份（不含港澳台）和新疆生产建设兵团的554万多项地方政府政务服务事项。根据《联合国电子政务调查报告》[1]，中国电子政务发展指数排名由2012年的全球第78位提升至第43位，整体达到"非常高"水平，跃居全球领先行列。

（七）数字化生活方式深度普及、内容极其丰富

随着数字经济的发展，人们的生活方式加速被"数字化"改变。大数据、人工智、云计算、区块链等数字技术加快向生活消费领域融合应用，物流配送体系不断完善，助力网络购物、无人零售、移动支付等新型消费异军突起，居民生活方式发生深刻变革。2021年，中国互联网普及率提升至73.0%，移动互联网流量快速增长至2216亿吉字节（GB），达到2012年的约252倍，网民数量突破10亿人。网上零售额实现13.1万亿元，较2012年增长9倍；快递业务量首次突破千亿件大关，较2012年增长18倍，稳居世界第一。短视频、网络直播等应用场景日益丰富，用户规模分别达9.34亿人、9.75亿人；在线办公、在线医疗等极大便利了人民生活，用户规模分别达4.69亿人、2.98亿人。人民生活多样化、个性化、品质化需求在数字技术的支持下正在实现。

---

[1] 详见联合国经济和社会事务部，网址是https://publicadministration.un.org/zh/Research/UN-e-Government-Surveys。

三、数字经济对就业创业影响的相关文献评述

诸多研究证明，新兴技术的诞生和数字化的进步发展有助于实现劳动力就业的增加，正向影响就业结构与规模的改变。

（一）国外相关研究

国外学者在新技术发展如何影响就业问题方面有着较为丰富的研究。Dekle（2022）基于日本劳动力市场数据，研究发现数字经济总体上提高了对劳动力的需求；Glaeser等（2015）研究认为创业活动是经济增长的内生活力，对创造就业具有重要推动作用；Daron Acemoglu和Pascual Restrepo（2018）研究发现，新技术的出现能够有效解决冗余的劳动力，智能生产制造引发就业替代效应，创造新的就业需要；grace L·david（2018）认为数字技术进步会对不同的技能工作者进行筛选，企业对低技能工作者的需求会减少，但对高技能劳动力的需求反而会显著增加；Forman等（2005）研究发现互联网降低了距离对经济活动的重要性，农村地区比城市地区更有可能参与到数字技术所构建的网络活动中，并且数字化更多地使农村和偏远城市受益；Beck等（2015）认为互联网可以缓解正规金融机构与借贷者之间的信息不对称问题，

创业就业人员可以及时了解正规金融机构的信贷产品和贷款流程，减少创业者对亲友非正式创业融资的依赖，转而向正规金融机构贷款；Fan等（2022）研究认为，互联网的使用可以发挥非正式金融的扩张效应和正规金融的获取效应，有效缓解风险投资的约束，促进创业就业活动的发生。

（二）国内相关研究

聚焦国内相关研究，数字经济为创业和企业的高质量发展带来了新机遇（刘蕾、王轶，2022；李辉，2020）；戚聿东等（2020）研究发现，数字经济发展加速了产业结构转型升级，也带动了就业结构优化和就业质量提升，其中互联网和电信业、软件业、电商零售业、科学技术业显著增加了第三产业就业比重和各省份就业质量得分；宋林和何洋（2020）发现互联网使用总体上促进了农村地区的非农就业；毛宇飞等（2019）的研究结论显示，使用互联网可以提高个体标准就业和机会型创业的概率；崔兆财和周向红（2020）认为数字化经营对就业的影响有替代效应和补偿效应两种机制，其最终的效果取决于二者的净值；黄浩（2021）和孟祺（2021）研究发现，数字经济发展存在替代效应和抑制替代效应并存，但不会减少就业规模；何宗樾、宋旭光（2020）利用Probit模型进行回归分析，发现数字经济会显著促进非农就业，但会显著抑制农业类工作；龚新蜀等（2023）研究证实数字经济的飞速发展在解决农村多维贫困方面也有着积极作用，但是这种效果不是一开始就立刻生效的，数字经济发展分阶段对农村贫困状况产生先负（－）后正（＋）的作用，即呈现一种正"U"形关系；胡放之（2021）基于实地考察认为数字经济对就业具有创造就业机会、激发创业创新活力、推动就业结构转型和改善就业环境等积极影响；杨骁等（2020）和王文（2020）的研究发现，数字经济优化了我国就业结构，制造业就业需求呈现出一种正"U"形模式，服务业的劳动力需求增大；方福前和田鸽（2021）的研究发现，数字经济显著优化了就业结构，提高了居民的就业率与收入水平；夏杰长和刘诚（2021）认为，比起城市地区，数字技术更多地使农村和偏远城市受益，推动农业供给侧的结构性改革，给农村创造了很多新兴岗位；赵宸宇（2022）研究认为企业数字化转型可以提高高学历人员占比和高技能人员占比，优化企业的劳动力结构；李磊等（2021）研究发现，企业采取数字化经营过程中使用机器人对劳动力市场的挤出效应不明显，反而会显著提升企业的劳动力需求；张车伟等（2017）预测新产业和新业态虽然可以创造大量的就业岗位，但会对传统就业产生挤出效应，加剧劳动力市场的供需矛盾。

通过对上述文献的分析可知，现有文献的分析大多从数字经济发展和组织机构数字化经营中的数字技术应用、嵌入互联网发展、智能制造替代等方面对扩就业的积极方面进行了大量论述阐释。总体而言，可以从一个侧面初步得出数字经济时代新技术的发展和应用能够对稳就业、保就业与扩就业效应有积极正面的作用。

四、数字经济时代我国面临的就业形势

（一）就业总量稳定而就业结构矛盾突出

据国家统计局发布的《2021年国民经济和社会发展统计公报》显示，全国城镇调查失业率均值在5.1%，比上年均值下降0.5%，其中，外出农民工增长1.3%，本地农民工增长4.1%，农民工就业水平恢复至疫情前，印证了我国稳就业组合拳的效力。然而，我国就业结构绝大部分由中低技能劳动力构成，人口老龄化趋势进一步降低了就业结构的数量和质量。加之数字技术催生了就业的新业态和新模式，创造了大量知识和技术密集型工作岗位，出现了劳动力短缺、就业人员职业技能与岗位需求不匹配现象，导致劳动力供给结构与就业需求结构不一致。随着我国数字化转型程度不断加深，就业的结构性矛盾不仅体现在制造业等传统行业中，人工智能等新兴行业中的就业分化现象更为严重。数字经济发展推动就业结构向着高技能化和高技术化的方向调整，更能促进高知识水平的劳动力就业。就业的替代效应主要体现在中等技能水平的就业岗位，数字技术进步促使就业结构产生"中部坍塌"的劳动"极化"趋势。

（二）重点群体的就业压力凸显

数字经济作为经济发展提质增效的新动能，促进传统产业数字化转型升级，势必导致就业岗位缩减和结构性变化，短期内表现为就业规模的破坏效应。因此，低技能、难以适应新技术和规模庞大的重点群体就业形势严峻。一是高校毕业生就业群体的规模和增量均创历史新高，这一规模将在"十四五"期间持续扩大。高校毕业生已成为城镇新增就业主力军，结构性就业矛盾更加突出。二是农民工群体总量有增无减，规模性失业风险不容忽视。截至2021年底，作为城镇就业主力军的全国农民工总量达29251万人，加之新冠疫情对农民工返工的影响，农民工的就业机会和就业稳定性面临威胁。三是育龄女性的就业和生育经常遭遇"此消彼长"的境地。性别歧视成为女性就业难以绕开的绊脚石，加之国家出台的"三孩"政策加剧了育龄女性的就业歧视现象。四是残疾人群体庞大而就业人数锐减，支持性就业不足。截至2020年末，中国残联统计的数据显示中国残疾人总数达8500万人，其中就业人数约862万人。此外，截至2017年，我国退役军人达5700万人，且每年以几十万人速度递增，退役军人的就业安置工作成为全社会的共同责任。

（三）灵活就业群体规模不断攀升

第一，平台经济拉动就业显著。以美团外卖等为标志的线上平台经济的迅速崛起，催生了一大批新就业形态，为劳动力市场带来了深刻的变革。一是从事个人微商和电商职业的灵活用工群体占比32.7%。《微信就业影响力报告》显示，微信公众平台、小程序及微信支付等产品带来了技术开发、数字内容、产品运营、经营管理等灵活就业岗位机会，自2014年以来，微信每年带动新增就业机会超200万个，到2018年总就业机会达2235万个。二是从事稿件撰写、视频编译、翻译等工作的群体占比28.5%。艾瑞咨询报告显示，截至2021年，中国互联网网民规模已达到9.89亿人，其中网络视频用户9.27亿人，便捷的网络为劳动者创造了大量就业机会。三是从事网约车或代驾、送快递或外卖等灵活就业群体占比15.4%。据中研产业研究院《2020—2025年中国餐饮外卖行业深度发展研究与"十四五"企业投资战略规划报告》显示，2021年中国快递业务从业人数已突破1000万人，餐饮外卖员总数已突破700万人，而网约车为3000多万人提供了灵活就业机会。在未来有关灵活用工行业规范政策出台的基础之上，会有更多劳动者参与到灵活就业中来，充分发挥劳动者的市场价值。

第二，零工就业规模显著扩大。灵活用工的兴起在美国由来已久，数字技术变革和产业结构调整激发了我国灵活用工市场的快速发展。从"人才为企业所有"转变为"人才为企业所用"，灵活就业群体"无老板、无轮班、无约束"的工作模式，成为更多劳动者就业的选择。《中国灵活用工发展报告（2021）》显示，2020年灵活用工市场规模达6480亿元，有近30%的企业表示将稳定或扩大灵活用工规模。部分企业雇员中的灵活用工比例高达55.68%，75%的岗位集中在基础性、一般性技能和低协作的岗位，但也有部分企业集中在专业性岗位和技能型岗位。零工就业模式的出现，提升了劳动者与工作的匹配度，降低了摩擦性失业造成的损失，扩大了劳动力市场的就业规模，成为新生代工人就业的蓄水池。

第三，绿色就业规模不断扩大。绿色就业是指在经济部门和经济活动中创造的、可以减轻环境影响，并最终实现环境、经济和社会可持续发展的体面工作。无论是传统行业，还是新兴绿色部门，只要可再生能源和能源利用效率较高的行业，都可视为绿色就业。目前，中国可再生能源领域的雇员已达450万人，这一规模接近煤炭产业生产领域的雇员。预计到2030年，低碳领域直接和间接就业总人数有望达到6300万人。《2020年可再生能源和就业年度回顾》显示，2019年全球可再生能源行业的就业人数估计为1150万人，特别是光伏产业，亚洲占全球可再生能源行业总就业岗位的63%，其中，中国在光伏、风能、水电三个方面的就业数量均排名全球第一，占全球就业总量的38%，就业人数稳定在440万人。我国计划在"2030年实现碳达峰、2060年实现碳中和"的低碳发展计划将提供更多的绿色就业机会。

五、数字经济时代我国就业面临的主要风险

（一）新技术革命引发"机器换人"的就业替代效应

数字经济时代，以人工智能为代表的新一代科技革命对我国劳动力供给侧结构性改革产生了巨大的压力，特别是失业结构中的技能技术性失业难以控制，给我国社会发展带来了新的机遇和挑战，对低技能、低学历劳动力群体的就业造成了显著冲击。事实上，自人工智能技术出现后，机器学习算法不仅仅是对人类体力的简单替代，还可实现对人类智力的某些替代。因此，技术发展的最大受益者是智力和实物资本的提供者，潜在受损者将是从事低技能工作的人群。人工智能应用对制造企业的用工总量、结构、需求以及员工收入等都会产生明显影响，会使更多的劳动者面临结构性失业风险。

人工智能主要从如下三方面影响就业结构。

一是就业集中化。总体来看，全球就业集中在服务业和其他关键行业。就产业就业而言，国际劳工组织的统计数据显示，2000—2018年全球服务业就业份额增长16%，工业就业份额持平，而农业的就业份额下降了18%。就行业就业而言，《2019年

数字经济报告》显示，全球数字平台总市值的2/3集中在"超级平台"，少数企业掌握领先技术并拥有绝对的优势，人工智能技术只会进一步加剧这种集中。

二是就业两极化。人工智能技术很可能正在加剧就业的极化现象，包括技能结构极化和工资收入极化这两个方面。我国劳动力市场上的农民工群体"就业两极化"倾向已经显现，农民工工资的快速增长将会导致大量低技能青年过早进入劳动力市场，而这些农民工的工作岗位更易被新生产方式和新技术所替代。

三是就业模式转变。劳动力与智能机器的深度融合协作，将重塑智能时代的就业模式，这种新就业模式将会导致更高水平的就业风险。

（二）数字经济赋能绿色发展所引发的技术性失业

"十四五"时期，我国经济发展亟须踏上数字经济列车，为绿色发展提供"创造性破坏"的新契机。数字技术赋能产业结构升级，是在生态有限承载力的约束条件下实现经济绿色高质量发展的有力途径。然而，根据弗里曼和佩雷斯提出的"技术–经济范式"理论，新产业的就业创造效应不足以弥补产业结构性调整所带来的就业挤出效应，从而导致失业现象。由于劳动者短期内难以突破技能屏障，其流动和岗位匹配过程中可能造成摩擦性失业，加之一大批高污染、高耗能、高耗水的"三高企业"关停并转，产业结构无法快速调整以实现低碳、高增长以及高就业三者之间的统筹兼顾，导致在非绿色就业岗位的就业群体面临结构性失业风险。"绿色复苏"计划给我国就业带来的挑战主要体现在以下几方面。

第一，我国处在不同的经济发展阶段和增速阶段，实现"双碳"目标还有很长的路要走。欧美国家是发达国家且经济增速属于中低型，而我国仍然是发展中国家且经济增速属于中高型，发达国家是全球率先实现碳达峰的国家。《2020世界能源统计》公报显示，欧盟于2006年达到碳排放高峰，直至2019年下降了22.4%；美国于2007年达到碳排放高峰，直至2019年下降了15.6%；而我国到2019年碳排放仍处在上升阶段，比2006年提高了47.2%。

第二，我国绿色技术创新还处在起步阶段，低碳技术创新水平较低。尽管非化石能源技术创新近年来取得了重大突破，但我国节能技术创新水平与世界先进水平相比还有一定差距，如基础研究和核心技术仍存在明显短板，非化石能源的原材料供应风险日益凸显。

第三，产业结构优化升级和低碳转型是实现绿色复苏的关键途径之一，但我国多地区产业体系的绿色现代化进程较慢。以传统服务业为主且工业偏重于资源密集型产业的欠发达地区，其交通等基础设施和公共服务体系尚不健全，资金和科技支撑力度有限，导致这些地区很难吸引到好项目或靠自身力量去推动产业结构升级。即便是经济发达地区，也存在土地等要素制约以及淘汰落后产能等困难，同时还面临着世界发达国家的再工业化和核心高新技术封锁等带来的产业结构高端化挑战。

究其以上缘由，在短期内，我国的企业在产业绿色升级和淘汰落后产能的过程中，势必将导致大量的非绿色就业劳动力的技术性失业和规模性失业风险。

（三）新就业形态引发的劳动者权益保障缺失

随着零工经济、众包经济、平台经济及共享经济等新经济模式的迅速发展，越来越多的人拒绝受雇于人，独立承包商、特许经营人和微商人数大幅增加，产生了大量不同于传统非正规就业模式和标准雇佣模式的新就业形态。新就业形态与传统的灵活就业概念相分离，在我国表现为创业就业者、自由职业者、多重职业者等多种就业模式，其发挥了就业蓄水池和就业稳定器的作用，已成为扩大就业、缓解就业压力、稳定民生的重要渠道。然而，新就业形态改变了传统雇佣模式下的劳动关系，劳动者参与经济活动摆脱了时空限制，工作的灵活性和自主性增加，报酬或收益的获取方式发生极大改变。新业态的劳资双方彼此权责问题的难界定性、雇佣关系的模糊化以及劳动者法律地位的难确定性，导致现行劳动法律法规难以规制此类劳动关系。由于劳动法律法规难以进行有效规制，使得新业态从业人员被剥离于法律和制度的保护之外，劳动者遭遇权益缺失问题。

新就业形态随着劳资关系的变化，出现了以下关于劳动者权益保障的"短板"。

一是关于劳动者缴纳的社会保险种类不足或缺失。以城镇职工参保为缴费标准,"一刀切"地要求灵活就业劳动者缴纳社保,提高了企业的用工成本,导致用工单位缴纳部分社会保险或者不缴纳。据我国社会保险法规定,灵活就业人员只能自行申报参加基本医疗保险和养老保险,但不能参加工伤、失业和生育保险,导致了灵活用工群体社会保障的缺失。

二是法律保障的缺失。新就业形态的劳动者有别于传统的"企业+雇员"模式,签订的从属劳动合同与现行劳动法律法规不匹配,或者未签订劳动合同,导致该就业群体难以纳入现行的劳动法律法规保障范围,往往自行承担了相关的伤害和劳动纠纷所带来的损失。

三是公共就业服务体系不健全。基本公共就业服务均等化是人民享有平等权益的重要载体,兼顾着不同类型就业群体的多样化需要,能够构建更加包容、精准和有效的公共就业服务体系。然而,现行公共就业服务体系对新就业形态的劳动者还存在很多不足,比如灵活就业服务窗口和社保政策的普及服务不到位等。

六、数字经济时代我国就业风险的防范与治理

数字经济时代我国就业风险的发生是多因素综合作用的结果，应对策略的基础在"防"，重点在"治"，以"长效机制"为支撑，以"重点群体"为抓手。主要内容包括：（1）事前防范，即我国就业风险如何实现提前防范；（2）事中处置，即我国发生了就业风险，如何应急处置；（3）事后治理，即我国就业风险如何实现长效防治；（4）重点抓手，即在事前、事中和事后如何通过抓住重点群体的就业风险，来实现我国就业风险的多维协同治理。

（一）强化"就业优先"的综合施策机制

就业优先战略是我国实现"更加充分更高质量就业"的根本保证。"十四五"时期实施就业优先战略对于破解就业总量压力和结构性矛盾难题、增强劳动力市场的应急处置能力、保障劳动者的就业权益等有重大的现实意义。因此，就业优先的综合施策机制为化解就业风险提供了政策支持和制度保障。

第一，借力"双循环"促就业。"十四五"时期，我国经济的高质量发展面临国内和国际诸多困难和挑战。为此，中央提

出以内循环为主、国内国际双循环为辅的新发展理念，助推了就业优先政策制度框架中的劳动力市场需求侧改革。一方面，以国内大循环为主体的核心在于充分利用我国完备的工业体系，激发劳动力市场的需求潜能。然而，与改革开放初期的粗放式增长不同，未来的工业链条扩张体现为在去产能的基础上，各种数字经济不断涌现情境下的效益增加与就业增进。因此，需要数字经济赋能绿色产业发展，鼓励高水平人力资本进入绿色产业工人行列。另一方面，用好国内国际两个劳动力市场和两种人力资源。新发展格局的核心目标在于有机统筹两个市场和两种资源，国内国际劳动力市场是"两个市场"的重要组成部分，国内国际两类人才资源是"两种资源"的最核心资源。借助国内数字经济发展新优势，吸引优质劳动力流向国内，为人才流动创造良好条件，实现人才资源库的迅速"蓄水"。

第二，设计就业新举措，丰富就业优先政策工具箱。新技术的广泛应用推动了新业态和新商业模式的迅速崛起，激发了市场吸纳就业的潜力。一是新就业形态具有就业观念新、就业领域新、技术手段新和组织方式新等显著特点，提前做好适应新就业形态的准备变得尤为重要。因此，加强新就业形态发展的顶层设计，在垄断领域定标准、设门槛是主要措施，积极参与新经济领域的国际规则和标准制定，在进行政策设计时要考虑长期内垄断对就业和创业的挤出效应。二是在更高水平的开放型经济新体制中，打造具有国际竞争力的新经济产业集群，建立并推动数据资源产权的开发利用。三是针对不同职业群体创设新的劳动关系分类和法律主体，用好就业保障工具箱，解决新就业形态下的劳动关系和劳动保障问题。

第三，加强宏观政策与就业政策的联动。从经济周期来看，经济波动和劳动力市场波动的联动性是政策协同性的客观现实基础。就业优先政策不是孤立的，会受到货币政策、财政政策、产业政策等影响，这就需要加强和创新制度框架的设计，促进不同政策之间的协同性、耦合性与联动性。一是稳健的货币政策与就业政策的配合。以服务实体经济为导向的货币政策能够更好地适应经济高质量发展的需要，而货币政策最直接的受益者是企业，优质企业除了能够创造更多经济价值，还有助于劳动力市场良性发展，激发用工需求和实现就业质量提升。二是积极的财政政策与就业政策的协调。出台财政政策刺激经济是各国应对经济萧条的通行做法。增加政府负债或减税是实现增加公共支出和促就业的手段，政府支出的增加将会刺激劳动供给，而财政政策需要与刺激需求政策、就业政策协调以规避政策矛盾。三是产业政策与就业政策的协同。就业是经济高质量发展长期关注的重要指标，而产业结构与就业结构具有趋同性，因此，在进行制度框架设计时需考虑产业政策导向，就业政策与之有效协同才能促进经济绿色复苏和发展。

（二）健全就业风险的防范机制

数字经济时代我国面临经济增长的不确定性、"三新"经济的高速发展、外部环境的瞬息万变、突发公共卫生事件以及自然灾害等突发状况的冲击，在不同风险源的动态变化中，部分地区、行业和群体将面临不同程度的就业风险。未雨绸缪，加强对就业风险的监测和预警有利于保持就业局势的稳定。

第一，健全就业风险的动态监测及预警机制。随着新经济和新业态的发展，弹性就业、平台就业及非标准就业等不断涌现，探索新就业形态的统计监测及预警机制是数字经济时代我国化解就业风险的前提。一是优化就业风险预警指标体系。应健全就业需求调查制度，准确掌握劳动力市场就业信息，实时调整和完善就业统计监测指标。二是完善就业风险动态监测系统。对就业风险进行实时评估和预测，加强就业风险预警系统建设，建立"政府+高校+企业"的就业联合实验室，增强风险预警预判能力。三是建立就业风险分级警报机制。根据就业风险进行分地区、分行业、分群体的实时动态监测，综合分析就业风险程度，合理设置警戒线，及时发布失业预警，将就业风险的动态监测系统建成就业领域的"风向标"。

第二，深化劳动力市场供给侧和需求侧改革。数字经济时代我国就业领域的结构性矛盾突出表现在劳动力的供给与需求不匹配、劳动力供给的质量不高和劳动力市场需求的扩容不够。一方面，强化劳动力市场供给侧改革。高技能劳动者规模进一步扩大，是有效解决技能人才短缺和提高就业质量的重要方向。积极培育与当前数字经济体系相适应的劳动力资源，通过提高技能、提高培训、提高教育质量，来缓解结构性就业矛盾。另一方面，要加强劳动力市场需求侧的管理。稳就业的关键是稳企业，为缓解因技术变革和国有企业改革带来的失业问题，应积极发挥民营经济吸纳就业的主渠道作用，健全民营经济发展的制度环境，加大对民营企业的政策扶持力度，完善支持民营企业的政策体系，保障民营企业能够和国有企业一样，平等地获取生产要素和政策支持，进一步降低各类营商成本。

第三，完善就业中介服务体系。一是提高公共就业服务能力和就业服务质量。增加人力资源中介部门和人力资源产业园的服务内容，扩展辐射群体，加强配套设施建设，提升配套设施的现代化水平和使用效率。二是完善新劳动关系下的法律法规服务。随着新就业形态下的新就业岗位不断增多，应依据新岗位需要对原有职业标准进行修订，防止从业者从业技能不够、职业素养不足引发的劳动力市场恶性竞争问题以及消费者利益受损问题。三是提升劳动者劳动维权效力服务。借助劳动合同相关法律法规，增加劳动合同法条款，修订专门针对平台用工、弹性用工的合同形式，包括电子合同、任务合同等，保障劳动者执业安全。四是建立社会保障缴纳服务体系。以法律形式明确新就业形态下劳动者社会保障缴纳主体，特别是确定为多个岗位、多家单位、多个地区提供劳动服务的社会保险费用缴纳原则，最大限度地为劳动者提供多样化的社会保障福利。

（三）完善就业风险的应对处置机制

数字经济时代新业态的不断发展，更要不断完善就业风险的应对处置机制，以使就业风险发生后的损失最小化。这要求国家坚持底线思维，加大对失业人员的兜底保障，发挥创业引致的就业倍增效应，更好地发挥企业作为就业主战场的作用。就劳动者本身而言，则需提高就业能力，支持其返乡创业等。培养就业的新增长点，促进灵活就业正规化。

第一，坚持底线思维，加强就业保障体系建设。一是随着新业态就业群体的增加，应扩大失业保险和工伤保险的覆盖范围。二是加大就业困难群体的托底安置工作，解决好零就业家庭等困难群体的就业问题。三是抓住诸如实现脱贫的农村家庭和进城务工人员等重点人群，从扩大劳动参与率、保障劳动收入的稳定性，以及促进基本公共服务均等化等方面入手，进一步补齐就业保障体系短板，保障受就业风险冲击群体的基本生活需要。

第二，减税降费，保护中小微企业发展。加大结构性减税力度，通过减税降费、免息小额信贷等手段，破除中小微企业发展障碍，扶持新兴中小微企业发展，创造更多的就业岗位。一是深化金融市场体制改革，落实金融支持实体经济发展政策，扩大直接融资比重，加强对中小微企业的金融服务，改善其融资难问题。二是以不牺牲参保人的长短期利益为前提，重点研究降低企业社保缴费比例的具体办法，降低企业负担。三是调整企业发展战略与转变用工方式相结合，数字经济催生了大量市场主体，实现企业的就业稳定是政府落实"稳就业"的重点。四是面对新技术革命、外部环境的不确定性、意料之外的公共卫生事件和自然灾害等冲击，企业应探索和开发多种用工形式，突破传统的雇佣关系，更好地应对并适应快速变化的商业市场。

第三，提高劳动者就业能力，引导和支持劳动者返乡创业，发挥创业带动就业的倍增效应。一是提高人力资本水平和改善劳动技能。一方面，促进教育改革，建立终身学习的教育体系，让教育与时俱进，从根本上提高劳动者应对技术变革的能力。另一方面，加强职业培训力度，提高职业教育质量。面临技术进步带来的替代效应，需要进一步健全职业教育体制，实现劳动者从"高理论、低实践"向"高素质、高技能"的转变。二是引导和支持劳动者返乡创业，推动劳动者多渠道就业和创业。返乡创业群体运用外出工作或积累的人力资本、社会资本以及资金，在家乡创办企业并带动农民就近就业。因此，需要从政策、资金、程序和营商环境等各个方面提供支持，为创业者提供创业沃土和"绿色通道"，提高劳动者创业的积极性。

（四）建立就业风险防治的长效机制

就业政策能否发挥作用、达到"稳就业、扩就业"的政策效果，政策选择与实施过程是关键。稳就业作为"六稳"之首，标志着我国开启了"积极就业政策3.0"时代，需构建经济发展与"稳就业、扩就业"的良性互动机制，并完善社会保障制度和健全新就业形态下的法律法规体系，提高经济发展质量和构建和谐劳动关系。因此，建立事后就业风险防治的长效机制，是实现宏观经济政策目标的关键。

第一，构建经济高质量发展与"稳就业、扩就业"的良性互动机制。一是构建有利于扩大就业的数字化产业框架，实施有利于促进就业的产业政策。借助数字技术加速产业结构调整升级，支持传统服务行业改造升级和统筹各类型产业协调发展，扩大产业吸纳就业的能力和就业机会。二是释放数字新动能，增加新就业形态。引导和支持更多劳动者参与到新业态的就业创业活动中，扩大灵活就业和新就业形态空间，给劳动者创造更充分的流动机会。三是支持多种经济形态发展。引导地摊经济、零工经济和低碳经济的发展，鼓励劳动者创办投资小、见效快、风险小的实体企业。牢牢把握低碳经济下的双碳计划对我国就业带来的重大机遇和挑战，积极发展绿色经济，完成双碳目标，实现劳动者绿色就业。

第二，完善新就业形态下的社会保障制度，夯实"稳就业、扩就业"的长效机制。社会保障制度是防治就业风险的有力长效机制，然而数字技术变革和平台经济的出现模糊了传统的雇佣关系，使得识别就业的社会保障主体身份产生困难，这对就业社会保障制度本身是巨大的挑战。因此，需要根据新经济、新业态、新就业形式，进一步完善就业领域的社会保障制度，将各类灵活就业人员尤其是网约工等高人身伤害风险人员纳入工伤保障体系。此外，应加快完善城乡和地区间的社会保障制度衔接，为灵活就业者制定合理的缴费分摊制度，推进基本公共服务均等化，切实保护劳动者的社会保障权益。

第三，健全新就业形态下的法律法规体系，解决劳动力市场失灵新问题。修订完善劳动法律体系，顺应数字技术革命发展趋势，充分保障各行各业的劳动者权益。一是出台特殊行业劳动标准。引导和督促企业严格服从国家工时制度和管理规定，制定适应平台经济运营模式的工资标准，依法保障劳动者就业权益。二是发挥政府、工会和企业组织的三方机制。利用工会与政府联席会议等裁定体制，实施劳动关系预警机制和劳动争议调停处理机制，对劳动关系进行动态监测和研判，解决集体劳动争议、新业态劳动者合法权益等问题。三是逐步建立起职业伤害和工资权益结算等方面的保障制度。新就业形态中，从业者的分层分化比较严重，应寻找权益和群体的最大公约数，从不同行业的底层群体保障开始，探索新形势下劳动者权益保障的方式方法，强化对新就业形态的支持和规范。

（五）形成重点群体的就业托底保护层

防范和治理我国面临的就业风险，应着眼于重点群体就业的相关保障体系，突出做好农民工、高校毕业生、退伍军人以及女性群体等就业工作。具体而言，有如下几方面。

一是合理引导农村富余劳动力进城务工，强化农业转移人口的人力资源开发工作，健全农业转移人口市民化和权益保障机制。

二是健全高校毕业生就业服务机制。优化大学生就业服务中心指导体系，引导高校毕业生到中西部、东北、艰苦边远地区和城乡基层就业，增强精准就业指导、就业实习和创业服务，提高高校毕业生就业能力。

三是探索更为灵活和多元化的就业政策，促进退伍军人就业和创业工作，积极做好退役军人的就业安置工作。

四是城镇青年既包括升学失败的学生也包括失业和转岗的青年职工，这部分群体的就业，一方面要增强其自身的职业发展能力，另一方面也要开发多元化的就业岗位和形式。

五是针对新就业群体的就业现状和就业困境展开分析，研究重点群体在择业和工作过程中面临的困难及与用人单位的劳资关系问题，如何通过支持政策和体制机制来帮助就业困难群体解决就业难的问题，并使劳动者权益得到切实保障。

六是要充分关注女性群体就业问题。就业歧视是女性群体在劳动力市场上所面临的较大障碍，尤其是当前"三胎"政策出台以后，女性在劳动力市场上被歧视的潜在风险有所上升。因此，要探寻如何促进生育政策和就业政策的互融互通。良好的就业政策、完善的女性权益保障制度，不仅可以对个人和家庭的生育决策起到托举和促进作用，而且开放包容、公正平等的劳动力市场氛围也有利于提高女性的劳动力供给。另外，完善的生育和奖励制度，也可以为劳动力供给提供支撑。

七、借力数字经济保就业与促民生的政策建议

"把握数字经济规律，创造更高质量就业"要认真对待"总量问题"与"结构性问题"，将两者并重，再去寻找突破口，既要全面推动数字经济转型，全面提高更充分更高质量就业水平，也要重视部分劳动者就业质量较低、就业风险较高等问题。

（一）为民生就业树基立根，保障数字经济规范发展

要想借力数字经济保障就业、促进就业、提升民生，就要从数字经济本身出发，做好"数字经济"自身的规范发展，从而形成数字经济对民生就业的正向推动作用。

一是支持数字经济领域高端智库建设。围绕数字经济产业研究、行业研究、企业研究、政策研究、就业保障研究等理论研

究领域，支持建设数字经济领域高端智库，指导数字经济规范发展。建议对符合条件的智库机构：（1）对新设数字经济高端智库机构的，采用事前补助的方式，在一定时间内予以每家机构不超过一定数额的资金支持；（2）对既有智库机构经评定入选数字经济高端智库机构的，按年度人员费用的一定比例予以不超过一定数额的资金支持；（3）对发布数字经济领域重要研究成果的智库机构，成果获评国家级或省部级荣誉或奖项的，予以一定数额的一次性奖励。

二是支持数字经济领域标准建设。支持数字经济标准体系建设，建立健全关键技术、数据治理和安全合规、公共数据管理等领域的标准。建议对牵头制定数字经济重点领域的国家标准、国际标准的单位，按每件标准予以一次性奖励，每家单位每年奖励资金不超过一定数额。

（二）激发数字经济的就业创造效应，扩大就业规模，提升就业容量

一是在国家层面，要充分发挥我国社会主义市场经济的优越性，优化数字产业结构与区域平衡发展。各级政府要加大数字经济基础设施建设力度，特别是中央财政要持续加大落后地区的数字经济基础设计与投资力度，降低地区之间数字经济基础设施的不平等，为落后地区的市场主体建设更好的数字平台，在数字经济发展过程中推动地区之间的平衡发展，不断强化数字经济的就

业创造效应。

二是在地方政府层面，政府要放宽数字经济平台的准入条件，促使市场主体进入数字领域，激发民营经济在数字经济领域的创业活力，提供更多的就业机会。同时引导企业加快管理和技术的产业数字化转型升级，提升民营企业的竞争力，扩大民营企业的生产规模，提高民营企业的就业吸纳能力。

（三）通过"新就业形态"促进新产业、新业态发展，优化就业结构

为优化就业结构，政府应发挥互联网以及平台型经济优势，针对新冠疫情期间就业市场结构、形态的转变，促进新就业形态发展。"新就业形态"是我国互联网大规模普及、信息技术成熟和人民群众消费需求升级背景下出现的新型就业模式，广泛分布于餐饮业、交通运输业、教育培训业、卫生医疗等第三产业以及疫情防控的重点行业。政府可考虑通过"新就业形态"来推动第三产业发展，为农民工、高校毕业生、就业困难群体创造新岗位。

人力资源和社会保障部门也应顺势而为，完善与"新就业形态"相匹配的劳动契约、工资报酬、休假等用工福利制度，保护劳动者的合法权益。

此外，针对重点就业群体的就业需求差异，可考虑实施更为精准的就业扶持政策，调整和优化就业结构。针对高校毕业生群体，建议出台优惠政策，引导"新就业形态"龙头企业建设实习

基地，为高校毕业生从事网络写作、直播带货、线上教育等新职业积累经验，为数字经济发展培养高素质人才队伍。此外，通过企业补贴政策鼓励企业招聘应届高校毕业生，对疫情高风险地区的高校毕业生建立帮扶基金和招聘绿色通道，最大限度地消化高校毕业生存量。

针对农民工群体，可考虑依据农村与城市的距离远近来制定分类就业帮扶政策，满足不同区域农民工就业的需要。针对近郊村农民工，通过互联网知识和技能应用培训，帮助农民工快速融入"新就业形态"行业，提升城市就业稳定性。针对远郊村农民工，引导农业产业化龙头企业入驻，培育本地农业特色产业，帮助农民工就近就地就业。

（四）提高体力劳动者与人力资本欠缺者的数字就业能力与社会保障水平

一是在国家层面，要进一步健全地区社会保障体系，扩大社会保障的覆盖面，强化社会保障体系的托底功能。确保体力劳动者及新业态中的人力资本缺乏的劳动者的基本保障水平与就业质量。

二是在地方政府层面，积极开展各级的就业能力培训，以应对快速的职业流动。除现有政府的就业培训之外，各级政府要善于运用市场力量，发挥市场主体功能，通过政府购买等方式，调动市场主体进行劳动力培训、转岗指导的积极性，培养劳动者的数字素养与数字工作能力，维持并稳步提升劳动者的就业质量。积极推动社会公益组织的发展，充分发挥社会组织在实现充分就业方面的公益性功能，弥补政府与市场的不足。发挥社会组织的独特功能，培育劳动者职业生涯规划能力，树立终身学习的基本理念，提高广大劳动者在数字经济时代所需的技能，帮助员工技能升级，不断提升自身人力资本的质量，为职业生涯内持续实现高质量就业创造条件。

三是在个体层面，每个劳动者要充分认识到数字经济时代的职业变迁规律，大力培育数字时代的通用工作技能，主动适应数字经济时代面临的风险，努力降低就业质量下降风险。

参考文献

白争辉,原珂.数字经济发展与产业结构升级的就业效应实证研究[J].兰州学刊,2022(3).

蔡昉.数字经济时代应高度重视就业政策:如何让新技术和数字经济的发展创造更多、更高质量的就业岗位[J].财经界,2021,596(25):24-25.

曹红艳.实现碳达峰"十四五"是关键[N].经济日报,2021-01-18.

陈桢.技术进步的就业效应及其形成机理[J].西南民族大学学报(人文社会科学版),2011(10).

崔兆财,周向红.互联网普及对地区就业的异质影响研究[J].软科学,2020,34(1):7-12.

方福前,田鸽.数字经济促进了包容性增长吗——基于"宽带中国"的准自然实验[J].学术界,2021(10):55-74.

方长春.新就业形态的类型特征与发展趋势[J].人民论坛,2020(9).

龚新蜀,赵贤,董依婷.数字经济、数字鸿沟与农村多维相对贫困[J].现代财经,2023(2):20-35.

葛蕾蕾,保津.残疾大学生就业倾向影响因素质性研究[J].济南大学学报(社会科学版),2019(5).

关博.加快完善适应新就业形态的用工和社保制度[J].宏观经济管理,2019(4).

李晟.略论人工智能语境下的法律转型[J].法学评论,2018(1).

李敏,刘采妮,白争辉,等.平台经济发展与"保就业和稳就业":基于就业弹性与劳动过程的分析[J].中国人力资源开发,2020(7).

李辉.数字经济推动企业向高质量发展的转型[J].西安财经大学学报,2020,33(2):25-29.

李磊,王小霞,包群.机器人的就业效应:机制与中国经验[J].管理世界,2021,37(9):104-119.

李心萍.实现更加充分更高质量就业[N].人民日报,2021-08-13(2).

李力行,周广肃.平台经济下的劳动就业和收入分配:变化趋势与政策应对[J].国际经济评论,2022(2).

赖德胜,李长安,等.实施扩大就业的发展战略研究[M].北京:人民出版社,2013:1-8.

刘旭,刘浩然.2022中国数字经济发展研究[J].数字经济,2022,24(12):2-11.

黄浩. 数字经济带来的就业挑战与应对措施[J]. 人民论坛,2021(1):16-18.

何宗樾, 宋旭光. 数字经济促进就业的机理与启示——疫情发生之后的思考[J]. 经济学家, 2020(5):58-68.

胡放之, 杨金磊. 数字经济对就业的影响研究——基于湖北新就业形态发展现状的调查[J].湖北社会科学,2021(1):80-86.

胡放之. 数字经济、新就业形态与劳动力市场变革[J]. 学习与实践,2021(10):71-77.

毛宇飞,曾湘泉,祝慧琳.互联网使用、就业决策与就业质量——基于CGSS数据的经验证据[J].经济理论与经济管理,2019,337(1):72-85.

孟祺. 数字经济与高质量就业:理论与实证[J]. 社会科学,2021(2):47-58.

莫怡青,李力行.零工经济对创业的影响——以外卖平台的兴起为例[J].管理世界,2022(2).

戚聿东,肖旭.数字经济时代的企业管理变革[J].管理世界,2020(6).

戚聿东,刘翠花,丁述磊.数字经济发展、就业结构优化与就业质量提升[J].经济学动态,2020,717(11):17-35.

屈小博.机器人和人工智能对就业的影响及趋势[J].劳动经济研究,2019(5).

宋林,何洋.互联网使用对中国农村劳动力就业选择的影响[J].中国人口科学,2020,198(3):61-74,127.

孙百才,徐宁.高校毕业生跨区域就业流动——以西部地区为分析主体的研究[J].济南大学学报(社会科学版),2018(3).

孙山,肖平华.96.7%受访者认为有必要在公共服务机构设置灵活就业服务窗口[N].中国青年报,2022-03-10(9).

王文.数字经济时代下工业智能化促进了高质量就业吗[J].经济学家,2020(4).

王轶,刘蕾.农民工返乡创业何以促进农民农村共同富裕[J].中国农村经济,2022(9):44-62.

王文.数字经济时代下工业智能化促进了高质量就业吗[J]. 经济学

家, 2020(4):89-98.

王众.新中国退役军人就业安置制度的创建与初步运行(1949~1957)
[J].济南大学学报(社会科学版) ,2021(3).

王天玉.试点的价值:平台灵活就业人员职业伤害保障的制度约束
[J].中国法律评论,2021(4).

夏杰长,刘诚.数字经济赋能共同富裕:作用路径与政策设计[J].经济
与管理研究, 2021(9):3-13.

谢秋山,陈世香.中国农民公共就业服务政策演变的逻辑、趋势与
展望[J].中国农村经济,2021(2).

许宪春,张钟文,关会娟.中国新经济:作用特征与挑战[J].财贸经
济,2020(1).

叶胥,杜云晗,何文军.数字经济发展的就业结构效应[J].财贸研
究,2021(4).

杨骁,刘益志,郭玉.数字经济对我国就业结构的影响——基于机理
与实证分析[J].软科学, 2020(10):25-29.

郑祁,杨伟国.零工经济前沿研究述评[J].中国人力资源开发,2019(5).

赵宸宇.数字化转型对企业劳动力就业的影响研究[J].科学学研
究:1-18.

张车伟,王博雅,高文书.创新经济对就业的冲击与应对研究[J].中国
人口科学,2017,182(5):2-11,126.

郑馨竺,张雅欣,李晋,等.后疫情时期的经济复苏与绿色发展:对立还
是共赢[J].中国人口·资源与环境,2022(2).

张车伟,王博雅,高文书.创新经济对就业的冲击与应对研究[J].中国人口科学,2017(5).

张成刚.新就业形态的类别特征与发展策略[J].学习与实践,2018,409(3):14-20.

Schumpeter J. A. Capitalism, Socialism and Democracy. [M].New York:Harper & Brothers, 1942.

Ghobakhloo M,2019. Industry 4.0, Digitization, and Opportunities for Sustainability[J]. Journal of Cleaner Production, 252:119.

Dekle R. Robots and industrial labor: Evidence from Japan[J]. Journal of the Japanese and International Economies, 2020, 58:101-108.

Glaeser,Kerr,Kerr,2015,"Entrepreneurship and Urban Growth:An Empirical Assessment with Historical Mines",Review of Economics and Statistics,97(2):498~520.

Daron Acemoglu,Pascual Restrepo, 2018. The Race between Man and Machine: Implications of Technology for Growth, Factor Shares, and Employment[J].American Economic Review, 108(6):1488-1542.

Grace L, David N. People versus machines: the impact of minimum wageson automatable jobs[J]. Labour Economics,2018(3):40-53.

Forman C, Goldfarb A,Greenstein S.How did location afect adoption of the commercial internet? Clobal village vs. urban leadership [J]. Journal of Urban Economics,2005,58(3):389- 420.

Beck, Thorsten, Liping, et al. Finance and Growth for Microenterprises:

Evidence from Rural China[J]. World Development, 2015.

Acemoglu,Restrepo,2018. The Race between Man and Machine: Implications of Technology for Growth, Factor Shares, and Employment[J].American Economic Review,108:1488-1542.

Fos, Hamdi, Kalda,Nickerson.Gig-Labor:Trading Safety Nets for Steering Wheels[EB/OL].CEPR Discussion Papers,2019.

ILO.Director-General's Introduction to the International Labour Conference: Decent Work for Sustainable Development, 2007,http://www.ilo.org/public/english/standards/relm/ilc/ilc96/pdf/rep-i-a.pdf.

International Renewable Energy Agency,2020.Renewable Energy and Jobs:Annual Review 2020[EB/OL].https://www.irena.org/-/media/Files/IRENA/Agency/Publication/2020/Sep/IRENA_RE_Jobs_2020.pdf.

Graetz,Guy,2018. Robots at Work[J]. The Review of Economics and Statistics,100:753-768.

ILO.What Is a Green Job[OB].2016,http://www.ilo.org/global/topics/green jobs/news/WCMS_220248/langen/index.htm.

Hanna R, Xu Y, Victor D G,2020. After COVID-19,green investment must deliver jobs to get political traction[J]. Nature,582:753-768.

Palagashvili L. Barriers to Portable Benefits Solutions for Gig Economy Workers[J].Policy Paper Center for Growth and Opportunity at Utah State University,2020,010.

我国农村集体经营性建设用地
入市发展模式研究

赵　昶

内容提要： 农村集体经营性建设用地入市对于助力乡村振兴、建设高标准市场经济体系、增加农民财产性收入等方面意义重大。自2015年试点开始以来，农村集体经营性建设用地入市改革取得了显著成效，但仍存在入市流程缺乏规范性管理和指导、"三块地"改革封闭运行阻碍城乡要素整合，以及兼顾政府、集体、个人三方利益的收益分配关系有待厘清这三大尚未解决的问题。针对这三大问题，本文以土地所有权不变、农民收益最大化、坚守耕地红线不动摇、城乡区域协同发展为目标原则，制定了农村集体经营性建设用地入市的指导性制度框架，并重点在城乡统一的建设用地市场框架下，探索了农村集体经营建设用地入市的路径和方式，理清了三大分配主体、两大分配内容之间层层递进的分配关系。提出了完善集体经营性建设用地的产权制度设计、制定指导入市的全国性实施办法、建立公平合理的土地增值收益分配制度、统筹联动推进宅基地制度改革等4点建议。

本文以我国农村集体经营性建设用地入市发展模式为核心内容，通过对研究背景意义、试点情况分析、制度框架设计、路径方式优化、分配方式优化等方面展开研究，具体研究内容如下。

改革开放以来4次修订了《土地管理法》，农村集体经营性建设用地经历了从禁止入市、试点入市到全面入市的转变，这是强制性制度变迁与诱致性制度变迁交互影响的结果，政策目标导向是"还权于民""让利于民"。建立农村集体经营性建设用地入市制度，是助力乡村振兴的战略性举措，是增加农民收入尤其是财产性收入、实现共同富裕的重要途径，是促进城乡融合发展的重要举措，对破除城乡土地二元分割体制、实现新型城镇化具有重大突破性意义，同时也是建设高标准市场体系的关键举措，是农村土地要素市场化改革的重要突破口。

试点开展呈现出两大特点、三大问题和一大难题。自2015年试点开始以来，农村集体经营性建设用地入市改革取得了显著的成效，但仍呈现出"数量不均"和"价格失衡"两个特点，同时也折射出入市流程缺乏规范性管理和指导、"三块地"改革封闭运行阻碍城乡要素整合，以及兼顾政府、集体、个人三方利益的收益分配关系有待厘清这三大尚未解决的问题，面临着异地调整入市中的利益平衡的难题。

针对试点存在的三大问题，本文拟从三方面加以解决，分别在本文第四、五、六部分展开。

针对入市流程缺乏规范性管理和指导的问题，本文在第四部分为农村集体经营性建设用地入市制定了指导性的制度框架。该框架以土地所有权不变、农民收益最大化、坚守耕地红线不动摇、城乡区域协同发展为目标原则，界定了入市涉及的供需主体，规范化整合了入市的流程秩序，明确了制度运行所需的制度保障。

为进一步规范入市的市场秩序和流程，同时解决"三块地"改革封闭运行阻碍城乡要素整合的问题，本文第五部分在城乡统一的建设用地市场框架下，探索了农村集体经营建设用地入市的路径和方式。对于近郊农村而言，集体经营性建设用地可以通过就地入市的途径，采取出让或者租赁的方式入市。宅基地可以通过自愿、有偿退出的方式置换为集体经营性建设用地指标，农用地可以通过抵押入股或联营的方式入市。对于远郊农村而言，集体经营性建设用地可以通过异地调整的方式，将复垦后结余的建设用地指标调整到符合规划的产业集中区入市。

针对政府、集体、个人三方利益的收益分配关系有待厘清的问题，本文第六部分理清了三大分配主体、两大分配内容之间层层递进的分配关系。由于政府为入市土地获得收益提供了周边公共基础设施建设的支持，因此政府优先以直接或间接的方式，主要以"税"或者"费"的形式获得经营性建设用地入市的增值收益，集体在扣除政府所得和成本之后将土地增值的净收益与农民个体之间合理分配，集体提留的比例一般不低于40%，用于发展集体经济或集体资产保值增值，剩余部分在农民个体之间公平分配。

在解决试点存在三大问题的基础上，本文提出了农村集体经营性建设用地入市的4点建议，包括：完善集体经营性建设用地的产权制度设计，制定指导入市的全国性实施办法，建立公平合理的土地增值收益分配制度，统筹联动推进宅基地制度改革。但是本文目前尚未很好解决异地调整入市中的利益平衡难题，无法有效平衡不同区位土地所有者之间的利益。

一、研究背景

（一）助力乡村振兴战略，增加农民财产性收入

当前我国"三农工作"的重心已经转向全面推进乡村振兴。乡村振兴的五大目标中，产业振兴是关键，而乡村产业振兴，无论是发展乡村新产业、新业态，还是产业融合发展，都需要农村土地制度改革的深化和拓展，尤其是集体经营性建设用地改革红利的释放，不仅要求让农民更多分享土地增值带来的收益，而且要求"人、钱、地"乡村振兴三要素的合理配置。建立农村集体经营性建设用地入市制度，从根本上改变了农村土地必须征为国

有才能进入市场的束缚，为金融资本进入农村市场搭建了重要载体和平台。利用集体经营性建设用地发展产业有利于降低企业成本，助推乡村产业振兴和经济业态多元化。

农民缺乏财产性收入渠道已成为农民收入增长的软肋，背后的原因则是城乡土地分割的制度因素。以建立农村集体经营性建设用地入市制度为突破口，结合农村集体产权制度改革特别是经营性资产股份合作制改革，既有利于盘活农村土地资源和显化农村土地价值，也有利于推动资源变资产、资金变股金、农民变股东，进而拓展农民财产性收入增长渠道，这是未来农民增收的最大潜力所在、是缩小城乡居民收入差距特别是财产性收入差距的战略举措。

（二）促进城乡融合发展，破除城乡土地二元分割

自2018年以来，"中央一号"文件多次提出要坚持城乡融合发展，使市场在资源配置中起决定性作用。2019年修正后的《中华人民共和国土地管理法》（下文简称《土地管理法》）允许集体经营性建设用地入市，破除了城乡二元土地制度，与国家提出的"城乡融合发展"战略相呼应。2023年的"中央一号"文件再次强调要健全城乡融合发展体制机制和政策体系，畅通城乡要素流动。

集体经营性建设用地入市提供了大量的工业和其他产业用地，满足了城乡不同产业的用地需求，打破了地方政府对土地市

场的垄断，为城镇发展提供了土地空间，缩短了城乡距离，拉近了城乡关系，有利于土地要素在城乡间流动，将进一步推动城乡统一土地市场的建设。城乡统一土地市场的建立，有利于土地资源在城乡间流转，将乡村产业纳入城镇产业一体化布局，释放了集体土地价值。通过优化集体土地资源配置，可以降低农民对土地的依赖，促进农民向城镇迁移，进一步推动城乡融合发展。

（三）建设高标准市场体系，推动农村土地要素市场化改革

建设高标准市场体系是新时代完善社会主义市场经济体制的核心要义，加快要素市场化配置改革是新时代建设高标准市场体系的关键举措。在劳动力、土地、资本三大传统要素中，土地要素市场的发育程度最不充分，突出表现为市场配置土地资源的决定性作用没有得到发挥，城乡统一的建设用地市场远未形成，农村土地征收、集体经营性建设用地入市、宅基地流转改革进展缓慢。

建立农村集体经营性建设用地入市制度，并允许农村集体在农民自愿前提下依法把有偿收回的闲置宅基地、废弃的集体公益性建设用地转变为集体经营性建设用地入市，对于破除城乡土地二元分割体制、提高土地要素配置效率、促进形成城乡统一的建设用地市场具有重大突破性意义。随着农村集体经营性建设用地入市制度的全面实施，土地征收将逐渐回归公益属性，土地要素

市场化程度将提升到新高度，这也有利于补齐要素市场体系中的
突出短板。

二、理论基础与研究框架

（一）概念界定

1.农村土地

《中华人民共和国土地管理法》规定，国家编制土地利用总
体规划，规定土地用途，将土地分为农用地、建设用地和未利用
地。农村土地可分为三大类：一是农用地，是指用于农业生产的
土地，包括耕地、林地、草地、养殖水面等。二是建设用地，包
括宅基地、公共设施用地以及农村集体经济兴办乡村（镇）企业
的经营性用地。三是未利用地。

2.农村集体经营性建设用地

农村集体经营性建设用地就是指兴办乡村（镇）企业等具有
生产经营性质的农村建设用地，不包括农民宅基地和农村公共设
施用地。新修订的《中华人民共和国土地管理法》中，明确了农
村集体经营性建设用地是土地利用总体规划、城乡规划确定为工
业、商业等经营性的用地。

3.农村集体经营性建设用地入市

农村集体经营性建设用地入市，就是进入土地交易市场，进

行出让、出租或转让等行为。经依法登记的农村集体经营性建设用地，在符合土地利用总体规划、城乡规划的前提下，经村集体经济组织内部表决同意后，确定土地出让方案，报上级土地管理部门审核，经市、县级人民政府审批，在土地市场交易平台上公平公开公正地进行出让或转让，由土地竞得人缴纳一定的出让价款，并签订出让/转让合同，参照国有土地出让、转让合同内容，约定建设周期及权利义务，并进行开发建设工作。

4.农村集体经营性建设用地土地增值收益

农村集体经营性建设用地的土地增值收益，是从集体土地入市取得的土地收入中提取的净收益。净收益的提取，就要计算对入市土地前期开发直接投入的资金和土地取得的成本资金，这些都是直接可见的成本支出。土地的价格是土地价值的表现形式，农村集体经营性建设用地入市引起其收益增加的同时，更意味着其交易价格的提高。首先，随着城市进程的迅猛发展，按照土地供需理论，有限的土地供给和无限的用地需求，必然引起价格的增加。其次，土地使用者及其所有者通过人力、资本等外部要素的投入，从而在入市过程中引起土地增值，超过原有土地的价格。最后，政府通过修建基础公共设施、改善农村生活条件、加大对土地的开发力度等，同样会产生集体经营性建设用地的增值收益。

（二）农村集体经营性建设用地入市改革的影响因素

农村集体经营性建设用地入市主要受到产权情况、市场供需、价格浮动、市场竞争和政策调控的影响。其中，产权制度是农村集体经营性建设用地入市的基石，没有清晰的、可支配的产权就无法进行有效的市场配置；供需、价格和竞争机制是农村集体经营性建设用地入市的核心，也是市场经济的核心，无形中指挥着土地要素的流向；政府调控取决于政府职能定位，良好的调控是农村土地要素市场秩序的保障。

产权制度是农村集体经营性建设用地入市的基石。土地产权的赋予是提升土地要素配置效率的前提和基础。马克思主义产权理论认为，土地产权是指由土地所有权以及由其衍生出来的各种权能所组成的权利束。改革开放后，家庭联产承包责任制的推行实现了农村土地集体所有权和家庭承包经营权的"两权分离"。承包经营权的赋予有效激活了农民作为微观经济主体的经营活力，提高了土地要素的配置效率，解放了农村生产力。中国特色社会主义进入新时代以来，随着城镇化、工业化的推进以及农业人口非农化趋势的加强，"两权分置"的权能设计已不完全符合农村生产力发展的要求，以习近平同志为核心的党中央对土地承包经营权权能予以进一步完善，适时提出承包地所有权、承包权和经营权的"三权分置"思想，实现了对农民承包地用益物权的保护，提高了农民进行土地流转的积极性，加快了农村土地要素市场化的步伐，引导土地资源向种植大户、家庭农场、农村经济合作社等先进生产力有序集聚，进而在保护农民权益的基础上实现了农业规模化、现代化发展。

供需、价格机制是农村集体经营性建设用地入市的核心。土地供需机制可以从经济学角度理解，来源于一般均衡理论。土地供给分为两种，一种是自然供给，另一种是经济供给。其中，自然供给是有限的，经济供给的能力则会根据自然供给的数量和对土地的开发利用水平而变动。土地需求是消费者的意愿和其具备的购买能力所能够综合决定的对土地的需求量。在土地一级市场，土地需求者被动接受土地的非市场供给；在土地二级市场，土地需求者主动评估自身购买能力和土地未来价格预期，作出是否购买的决定。土地价格的变化决定农村集体经营性建设用地入市的效率，土地政策调控则通过调节土地的供给和需求来影响土地价格，进而弥补市场不足，实现土地资源的合理调配。政府对不同类型的土地，可以通过调节税费额度、税费收取方式等来实现对土地价格的调控。

政府职能定位是农村集体经营性建设用地入市的保障。土地产权和土地治权是相辅相成的，市场有效和政府有为两项缺一不可，土地治权是土地管理制度的重要内容。由于土地资源的稀缺性以及非农化用地的高收益性，虽然《中华人民共和国土地管理法》明确规定了农村集体土地的所有权归属于农民集体，但在市场机制的驱动下，大多数情况下村干部成为土地所有权的"人格化主体"。因为土地资源的垄断性、自利性、外部性和信息不对称等特征，造成农村土地资源配置过程中存在市场失灵的现象，使得单纯通过市场机制无法实现农村土地资源的最优配置。

（三）研究框架

具体如图1所示。

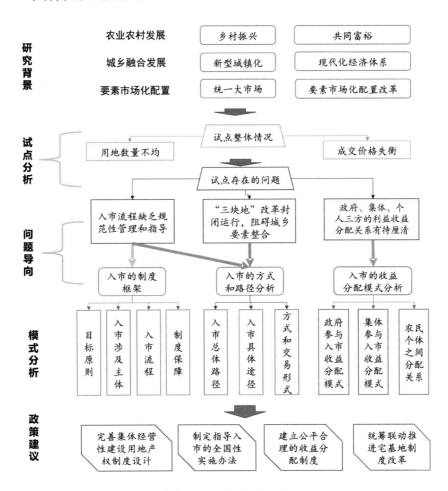

图1　研究框架图

三、农村集体经营建设用地入市试点
开展情况与存在问题

（一）农村集体经营建设用地入市试点的整体情况

据国务院统计数据，全国33个试点县（市、区）效果突出，各地已按新办法实施征地1275宗、18万亩；集体经营性建设用地已入市地块1万余宗，面积9万余亩，总价款约257亿元，收取调节金28.6亿元，办理集体经营性建设用地抵押贷款228宗、38.6亿元；腾退出零星、闲置的宅基地约14万户、8.4万亩，办理农房抵押贷款5.8万宗、111亿元。

从上述数据中的收益情况来看，政府收取调节金仅占总收益的16%，而农民集体收益占比达74%。通过对当前试点地区的比较也发现，在集体经营性建设用地入市过程中，对于同区域同用途的地块，农民集体可获得的平均土地增值收益要高于土地征收收益，前者约为后者的2倍，集体在入市中所获得的收益份额为64%~84%，也远高于土地征收中所得23%的收益比例。总体来看，各试点地区取得了显著的成效，但仍呈现出"数量不均"和"价格失衡"两大特点。

集体经营性建设用地数量分布不均。总体而言，全国共有存量集体经营性建设用地面积5000万亩，约占农村集体建设用地的13.5%，对于一些西部地区而言，该比例约为2%，对于东部地区来说，该比例则高达90%。

从部分试点地区集体经营性建设用地的存量来看，位于前四位的分别是广东南海、江苏武进、北京大兴、上海松江，均属于东部地区。除了四川郫县与重庆大足这两个区域中心城市外，绝大多数中西部地区的集体经营性建设用地面积存量均不足5000亩。这种存量分布上的差异对于同一省份内的不同发展水平的市县、村组同样显著，区位条件优越、经济发展更快的村镇集体所拥有的集体经营性建设用地面积的存量要明显多于位置偏僻、发展迟缓的远郊地区。

集体经营性建设用地价值分布失衡。东西部地区、大小城市及近远郊乡村有较大的入市价格差异。东部沿海省份拥有便利的区位经济优势，交通、医疗、教育等公共服务体系和基础设施成熟完善，人多地少的经济社会条件抬高了建设用地需求，同时也使得相应地区的集体经营性建设用地有较高的入市溢价空间。中西部地区区位优势有限，集聚效应不足，对集体建设用地使用的需求远不及东部地区，增值潜力也相对较弱。例如，位于东部沿海发达地区的广东佛山南海区的集体经营性建设用地入市均价为307.86万元/亩，位于中部地区的河南省长垣县入市均价为85万元/亩，而位于西部地区的甘肃陇西县平均入市价格只有18.32万元/亩，东部地区价格是西部的16.7倍。这种区域性价格差异在不同规模城市间更为显著。例如，在中国一线特大城市——上海松江区，集体经营性建设用地入市均价高达395.8多万元/亩，作为"新一线"城市的成都市郫都区入市均价可以达到60万元/亩，而位于江苏省的常州市武进区的入市均价只有前者的2.4%，约为9.28万元/亩。集体经营性建设用地存量较少、价值较低的中西部偏远农村等欠发达地区对入市制度需求则相对较弱。如表1所示。

表1 部分试点地区集体经营性建设用地入市情况总结

试点地区	可入市宗数	可入市面积（亩）	入市宗数	入市面积（亩）	总成交价款（万元）	每亩成交金额（万元）
北京市大兴区	4200	79600	4	675.00	400000	592.59
山西泽州县	–	11000	32	998.43	9463	9.48
吉林长春九台区	218	2895	12	225.00	1248	5.55
黑龙江安达市	173	956	4	48.90	465.5	9.52
上海市松江区	–	45000	8	240.15	95002	395.8
浙江德清县	1881	10691	183	1347.00	33200	24.65
河南长垣县	1106	4729	120	3657	311000	85.04
广东佛山市南海区	–	257055	111	2800	861997	307.86
广西北流市	–	19200	38	2413.00	43000	17.82
海南省文昌市	–	–	16	145	9050	–

（续表）

试点地区	可入市宗数	可入市面积（亩）	入市宗数	入市面积（亩）	总成交价款（万元）	每亩成交金额（万元）
重庆市大足区	–	19998	53	1478.58	50400	34.09
四川郫都区	–	4932.8	36	1174.80	21000	59.49
贵州湄潭县	6357	4625	16	59.50	1021.5	17.17
甘肃陇西县	5094	5195	85	420.00	7693	18.32
天津市蓟县区	–	–	27	202.5	–	–
河北保定市定州市	1993	7374	13	156.2	2652	16.4
辽宁鞍山市海城市	1485	12360	358	3795	92000	24.24
江苏常州市武进区	–	–	10163	86700	805300	9.28
安徽六安市金寨县	–	–	109	–	–	–
福建泉州市晋江区	–	–	94	473.7	13707	28.9
江西鹰潭市余江县	–	–	78	1127.18	12461	11.05
山东德州市禹城市	–	–	421	5152	31000	6.01
湖北襄阳市宜城市	–	–	14	82.81	1102.16	13.3

注：受限于各地公开发布的入市数据和地区间的可比性，统计节点以能检索到的数据为准，以保证各地时间节点相差在一年以内。

（二）农村集体经营建设用地入市存在的问题和难点

农村集体经营性建设用地入市已经基本完成了试点之初的基本目标，但是仍存在很多尚待解决的问题，以及难以平衡的矛盾和现实困境。

1.存在的问题

入市流程缺乏规范性管理和指导。试点改革中，地方针对集体建设用地入市的条件、范围、用途、方式等都出台了暂行性质的地方法规，但是这些地方政策或规章的权威性并不充分，而且难以做到一揽子设计，存在交易安全问题与投资风险问题。同时，在不同地方，政策、标准和程序不同，缺少供全国共同遵循、符合市场规律的章法。长期以来，因指导农地入市的全国性操作细则尚未出台，大量自发流转行为导致的无序混乱局面很难在短期内得到解决，市场秩序规范性较差导致尽管在名义上赋予了集体经营性建设用地入市权，但有些土地所有者并不能够通过自发的市场行为完成入市交易，必须依靠政府的介入和安排。

"三块地"改革封闭运行阻碍城乡要素整合。原国土资源部在试点一年之后下发通知要求将集体经营性建设用地入市改革和土地征收改革拓展到33个试点地区，但是宅基地制度改革试点范围却仍旧保持15个不变。这意味着只有最初的15个地区真正全部承担了"三块地"改革。"三块地"改革试点的封闭运行等安排，大大减弱了改革成效，减弱了城乡要素整合的可能性，不利于建立城乡统一的土地市场。尤其是把集体经营性建设用地和宅基地强行区分开来，不利于解决农村建设用地利用低效问题，联动效应也难以发挥。

兼顾政府、集体、个人三方利益的收益分配关系有待厘清。一方面是国家与集体的收益分配关系。2015年之后，《农村集体经营性建设用地土地增值收益调节金征收使用管理暂行办法》提出征收20%～50%的调节金，但部分地区即使按照50%的比例征收调节金，集体收益仍大于征地补偿收益。在地方财政严重依赖土地财政的背景下，征地数量的减少也意味着地方财政收入的减少，导致地方政府对农村集体经营性建设用地入市的积极性不高。土地增值收益调节金是试点期间的过渡措施，试点结束后有必要通过税收政策加以规范。另一方面是集体与个人之间的收益分配关系。当前集体收益主要用于村集体建设、原始积累或直接分配给村民等用途，由于分配比例由村集体掌握，操作过程中难免存在争议。

2.改革的难点

异地调整入市中的利益平衡难题，无法有效平衡不同区位土地所有者之间的利益。在异地调整入市中，调入方所在的村集体才是集体经营性建设用地入市的真正主体，而调出方所在的村集体则仅仅是分享了建设用地所带来的土地增值收益再分配，所获得的收益必然是明显低于就地入市的收益的。调入方所在的村集体在土地指标交易市场中只需以稍高于拆旧的平均成本购买土地指标。因此双方就因供求关系形成了收益分配不平衡。地方政府为了调节收益平衡，通过规定分配比例等方式形成干预，比如浙江德清规定土地入市净收益的50%作为复垦保证金支付给调出区农民集体，海南文昌规定以当地征地补偿费用的1.5～2倍确定调入方对调出方的复垦补偿金。政府几乎介入了投资意向、土地整理、指标调换、项目落地的全过程，特别是调入方和调出方的利益协调，必须要由地方政府从中协调，否则很难形成共识。

四、农村集体经营性建设用地入市的制度框架

（一）目标原则

一是保持土地的所有权不变。严格守住土地公有制的性质不改变，在保持农村土地所有权属于集体的基本前提下，可由代表其所有权的集体经济组织或法律规定允许的主体负责入市工作，放活土地经营权，盘活农村闲置土地，唤醒集体沉睡资产。

二是保证农民的收益最大化。以维护农民的基本权益为底线，不能代替农民作主，要真正让农民得到改革的红利。保证土地收益优先用于集体成员医疗、养老等在内的农村社会保障，才可再用于基础设施、开发整理等方面。保证农民之间收益的公平性，增加农民的财产性收入。

三是坚守耕地红线不突破。保证耕地红线绝不能突破，对已划定的城市周边永久基本农田绝不能随便占用，落实生态保护红线的管控要求。坚决遏制因农地入市而导致耕地非农化、非粮化趋势出现。

四是实现城乡区域协同发展。建立健全城乡统一建设用地市场，坚持同地同权同责，在符合规划、用途管制和依法取得前提下，推进农村集体经营性建设用地与国有建设用地同等入市、同权同价，打破城市二元结构，推进城乡一体发展。

（二）入市涉及的主体

集体经营性建设用地的市场主体呈现多元化趋势。供给主体多以村集体为主，需求主体多以企业和城市工商资本为主。政府不仅是服务提供者，还是重要的利益相关者。政府通过给入市土地提供配套基础设施建设，为土地实现增值收益打下坚实基础。同时，土地增值收益从地方政府向农民集体转移更是农村集体经营性建设用地入市的核心逻辑所在。

从供给主体来看，在初次流转市场中，集体经营性建设用地的主体应是集体土地的所有权人。一般包括集体经济组织、乡镇政府或村委会、授权第三方主体（如土地合作社、土地专营公司）和集体经济组织联合主体，其中，集体经济组织作为优先代表。再次流转市场主体为各类集体建设用地使用者，由取得集体建设用地使用权主体（如乡镇企业或农民）与其他市场主体进行二次流转。

从需求主体来看，企业和城市工商资本的需求主要集中在产业用地需求和居民住房需求。产业用地需求主要包括传统制造业需求、第三产业及新兴业态需求、特定类型的房地产开发项目等。具体来看，在集体经营性建设用地上的传统制造业需求用地主要集中在采矿业用地、农副产品加工业用地、食品制造业用地、木材加工用地、家具制造业用地、造纸及纸制品业用地、废弃资源与废旧材料回收业用地、建筑用料生产用地以及其他农村第二产业用地等方面。第三产业需求用地主要集中在交通运输用地、仓储用地、住宿餐饮用地、金融用地、基层组织用地、农村教育服务用地、农村医疗卫生服务用地、其他农村第三产业用地等。此外，具有三产联动特征的都市型现代农业以及配套设施建设近年来需求也在快速增长，如乡村旅游、观光农业、乡村酒店用地，以养老公寓等为代表的"银发产业"，还有以文化产业园区等为代表的"创意产业"等第三产业新兴业态也是需求主体的关注重点。居民住房需求如结合新农村建设开展的农民回迁安置房建设需求，以及集体土地公租房建设需求等。

（三）入市的流程

在综合考虑入市涉及供给主体和需求主体的基础上，农村集体经营性建设用地入市的流程大致可分为：确定入市土地范围、明确土地入市的用途、合理安排入市主体、明确入市方式和期限、确定收益分配方式等。

1.确定入市土地范围

农村集体经营性建设用地入市在土地政策上有两个严格限制条件：一是要满足"两规"要求，即符合土地利用总体规划和城乡规划确定为工矿仓储、商服等经营性用途；二是土地用途分类为存量建设用地。但是基于试点地区实践，本制度框架下对于第二条限制可以打通宅基地和集体经营性建设用地的转换通道，宅基地通过"依规转正"为集体经营性建设用地后再入市。

2.明确入市土地的用途

明确入市土地用途为工业用地、商业用地、公益用地、乡村旅游等新业态用地等。按其最终用途去向，大致可分为农地工业化、农地商业化和农地城镇化三类。农地工业化是在乡镇企业兴起、改制、兼并过程中，村集体流转集体建设用地使用权，以及自行投资建厂房、宿舍而流转于工业企业生产经营用途。农地商业化是村集体绕开法律限制自行投资建设商业铺面出租或用于农贸市场用地等商业经营用途。农地城镇化则既包括建设在集体建设用地上的房屋商品化，也包括就地城镇化，比如北京郑各庄。

3.合理安排入市主体

农村集体经营性建设用地入市主体为拥有土地所有权的乡镇、村或村民小组等农村集体经济组织。经集体土地所有权人委托授权，具有法人资格的土地股份合作社、土地专营（联营）公司、集体资产管理公司等可在授权范围内代理实施农村集体经营性建设用地入市事项。如遇所涉地块属于两个农民集体的，由各村集体经济组织共同作为出让方。

4.明确入市方式和期限

根据不同的区位和规划条件，集体经营性建设用地入市途径有三种，即就地入市、异地调整入市和整治入市，入市的方式和交易形式有出让、租赁、入股、土地置换等。入市期限采取弹性年期制度，可参考国有土地流转的期限规定，居住用地为70年，工业用地和教育、科技文化、卫生、体育用地为50年，商业、旅游、娱乐用地为40年。土地使用权出让合同约定的使用年限届满、土地使用者需要继续使用土地的，可以申请续期、重新签订土地使用权出让合同。

5.确定收益分配方式

收益分配要兼顾国家、集体和个人利益。允许政府采取直接或间接的形式参与入市土地的增值收益分配，比如因地制宜收取一定比例土地增值收益调节金。集体在扣除政府收益和土地开发、出让等各环节成本之后，对土地增值净收益在集体和农民个人之间进行分配。

（四）制度保障

完善用地公开交易制度。可参考国有土地交易制度，建立集体经营性建设用地公开交易制度。严格农村集体建设用地流转入市的交易许可管制，搭建统一的土地交易平台，建立公开透明的交易价格机制，完善基准地价的评估体系。

明确入市审批管理程序。可参照《城镇国有土地使用权出让和转让暂行条例》等有关规章制度，在入市程序、价格形成、入市期限等方面作出相应的规定，由土地使用者征得土地所有权主体同意、经镇区政府审核后，向县市国土管理部门提出转让、出租申请。

统筹城乡建设用地管理。坚持"两种产权，同一市场，同等对待"的管理原则，在现有规划体系下，强化并落实城乡一体化统筹发展的规划理念，高度重视规划的公示和落实，分步稳妥推进改革，平衡集体建设用地入市与耕地保护之间的关系。

加强入市全程监管工作。明确监管职能部门的责任分工，建立联合监管体系。针对不同项目差异化监管，在参照国有土地交易制度的基础上，因地制宜将入市土地纳入当地土地交易市场或建立农村产权交易市场进行入市交易。强化用地后评估和项目退出机制。

五、农村集体经营建设用地入市的路径和方式优化分析

根据试点地区的实践，创新性地将农村集体经营性建设用地入市纳入城乡统一的建设用地市场框架中，从近郊农村和远郊农

村用地的区域位置和分布特征出发，因地制宜地通过就地入市、异地调整入市和整治入市这三种途径入市，具体采取出让、租赁、作价出资或入股、土地置换、联营联建等方式，以期做到与城市土地同地同价同权，形成城乡联动的市场空间。

（一）农村集体经营建设用地入市的路径：基于城乡统一的建设用地市场框架

在城乡统一的建设用地市场框架下，农村集体经营性建设用地入市可沿图2所示的路径开展。

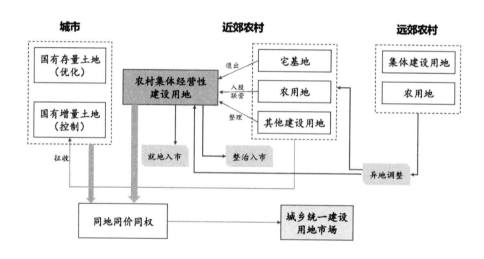

图2 农村集体经营性建设用地入市的路径

对于近郊农村而言，集体经营性建设用地可以通过就地入市的途径，采取出让或者租赁的方式入市。其他集体建设用地中，宅基地可以通过自愿、有偿退出的方式置换为集体经营性建设用地指标，农用地可以通过抵押入股或联营的方式入市，其他建设用地则可以采取整治入市，或者通过政府征收变为城市用地。

对于远郊农村而言，集体建设用地可以通过复垦变为农用地，从而通过异地调整的方式，将复垦后结余的建设用地指标调整到符合规划的产业集中区入市。

这种制度安排的创新点在于，将农村"三块地"打通，延续"三块地"改革后的市场对接。过去宅基地虽然也被视作集体建设用地，但并不是集体经营性建设用地，不能直接入市。统计显示，中国约有19万平方千米的农村集体建设用地，其中宅基地约占13万平方千米。2019年中共中央在《关于建立健全城乡融合发展体制机制和政策体系的意见》中对于宅基地向集体经营性建设用地转化作出了新规定，即允许村集体在农民自愿前提下，依法把有偿收回的闲置宅基地、废弃的集体公益性建设用地转变为集体经营性建设用地入市。这一政策会极大增加村集体在集体经营性建设用地入市过程中的灵活性和主动权，虽然在试点方案中尚未提及该种方式，但是已经有少数试点地区开始探索宅基地置换入市的创新做法。

（二）农村集体经营性建设用地入市的途径

1.就地入市

就地入市指的是集体经营性建设用地的地块在合规条件下，且已具备开发建设所需要的基础设施等条件，可直接进入土地交易市场，不涉及土地产权调整。在所有的试点地区中，就地入市占比非常高，占到全部土地入市交易的60%～70%。

就地入市的适用范围主要针对依法合规、产权清晰且具备开发基本条件的土地。一是入市土地与相关规划符合，包括已编制的国土空间规划或未编制地区的土地利用总体规划、城乡规划。二是产权角度，即依法取得集体所有土地权属或集体土地使用权证书、土地权属清晰，以及地上建筑物、构筑物及其他附着物权属清晰、不存在权属争议，且已补偿完毕。三是基本条件，即本身具备开发建设所需要的水利、能源、交通等基础设施，与地块相关联的县级、村级产业规划或产业引进指导目录，以及与环境相关的保护条件，如土壤、水文环境质量保护等条件并已明确可以直接使用。

就地入市的操作流程包括入市主体前期准备、资格审查、方案编制、入市会审以及底价确定等。具体而言，入市主体先明确拟入市地块的位置和权属，确定地上是否有房屋及其他附着物，前期基础设施配套完成情况以及拟入市方式等，再将材料报乡镇人民政府进行入市条件初审，通过后再上报县级自然资源管理部门决定是否纳入年度任务管理清单。通过县级审核后，县级自然资源局及有关部门确定入市交易底价，进入入市交易程序。

2.异地调整入市

异地调整入市指的是集体经济组织先复垦后形成建设用地指标，将腾挪出的建设用地指标调整到其他地区入市地块进行入市交易，实现"先垦后用、异地置换"，优化城乡建设用地布局，合理配置和集约利用土地。通过总结试点材料发现，异地调整入市有制度上的突破，如四川成都战旗村（具体做法如图3所示）、四川郫县、贵州湄潭等试点允许经农村宅基地退出形成的节余指标用于新增集体经营性建设用地。北京试点地区、广西试点地区要求土地异地调整入市采取镇级统筹方式，辽宁、海南、甘肃、吉林等试点地区要求复垦地须向城镇核心区、产业区、重点项目区集中，上海试点地区则要求调整到集中建设区入市。

企业示范改造	• 由村集体统一收回闲置资产，自主选择4户作为示范户，按照宿、食、业的精品标准进行打造
	• 可以返聘村民作为员工，同时村民可以获得房屋租金以及分红
社会资本招商引入	• 与其他企业联合选择愿意参与的4户院落进行再改造，并建设苗族木楼特色民族建筑
政府公建配套	• 基础道路配套、市政道路连接线建设、梯田观光木栈道环线建设、旅居农家污水处理配套的硬件设施与小型湿地完成建设

图3　成都战旗村宅基地调整入市模式

异地调整入市的适用范围主要针对的是农村零星、分散的集体经营性建设用地，以及闲置宅基地、废弃的集体公益性建设用地。一是产权明晰，为农村集体所有的农用地或未利用地，且不涉及基本农田、生态保护区和禁止建设区。二是入市地块占用耕地部分的耕地补充任务已落实。具体可参考专栏1的内容。

专栏1 退出宅基地转化入市的"泸县模式"

四川泸县虽然承担了农村集体经营性建设用地入市试点，但相较于其他试点地区有很大区别。在泸县的集体建设用地中，处于闲置状态的宅基地高达3万亩，但集体经营性建设用地仅0.3万亩。为获得更多的建设用地，在宅基地试点改革中，泸县实行"超占有偿、退出补偿"政策，实行宅基地自愿有偿退出。符合条件自愿退出的宅基地，泸县将其纳入农村集体经营性建设用地范围。此项创新不仅提高了土地利用效率，也为中西部地区化解存量经营性建设用地面积小的难题提供了借鉴思路。"泸县模式"的亮点在于：一方面鼓励宅基地有偿退出，另一方面将退出的宅基地转化为集体经营性建设用地入市流转，将国家两项涉及农村土地的重大改革结合起来进行探索，使集体荒废的土地资源发挥出最大价值。

异地调整入市的操作流程与就地入市的不同之处在于，资格审查之后增加了对零星、闲置建设用地的复垦与指标调整环节。该环节旨在将布局零星分散、不具备就地入市条件的集体经营性建设用地，以及农民有偿、自愿退出的闲置宅基地予以复垦，在村集体收储闲置宅基地后，开展补偿安置工作或前期基础设施建设工作，利用增减挂钩的方式将复垦后结余的建设用地指标调整到符合规划的产业集中区入市，新的集中区所在地的村集体再按

照一定的标准向拆旧区的村集体支付一定的土地指标费用。具体参考专栏2的内容。

专栏2　异地调整入市的"德清模式"

浙江德清县在入市改革中，推进速度最快、流转规模在试点地区排名靠前，经过试点，初步实现县域内城乡统一的建设用地市场，促进了农民增收、土地增效、产业兴旺、乡风文明，群众获得感增强，农村面貌进一步改善。据统计，德清县梳理出占存量经营性建设用地50%以上的零星、分散集体经营性建设用地。

在入市过程中，对异地调整的土地属于不同集体经济组织的，允许调换土地所有权，土地调换协议经所属乡镇人民政府批准，所有权经变更登记后即可置换；对调整地块涉及不同级差的，允许采用货币补差调换所有权；对不属于前两种情况的，集体组织通过复垦指标交易的方式，收购其他集体的指标，收购后的指标能够等面积地在规划区域内进行农地入市。

"德清模式"的亮点在于：通过实行土地异地置换，使零星分散、区位条件不佳的土地也能入市流转，不仅很好地解决了工商业集聚发展对土地的需求，也让更多的老百姓获得了实实在在的收益。

3.整治入市

整治入市是指在符合规划的前提下，对规划范围内的各种地类土地进行统一复垦、建设配套基础设施，在依法重新划分宗地和确定产权归属后，将存量及新增集体建设用地，按照农村集体经营性建设用地入市。试点地区中，采取该做法的主要有广西、辽宁、海南、贵州、吉林等试点地区的城中村，以及广东试点地区的连片农村。

整治入市的适用范围主要是针对历史形成的城中村、连片农村集体建设用地。一是聚居村落的集体土地在城市或城镇规划区范围内，并以村委会为组织形式。二是符合城中村改造的基本条件，如村内存在交通、消防条件恶劣等问题，因调整产业结构、引进重大项目需要进行改造等。三是集体组织的农用地80%以上已被国家征收，或现状建设用地达到项目规划用地的50%以上。

整治入市的操作流程与前两种途径的主要区别在于，需在入市前期准备好之前，实行前置事项审批。待项目实施方案报县级政府审核后，才可进行相应的入市程序。在此过程中，入市主体可通过招标公开征集土地熟化投资人，由土地熟化投资人出资进行城中村或者旧村的改造。具体可参考专栏3的内容。

专栏3 佛山南海区整治入市的
"产权托管+统筹开发"创新做法

针对农村集体经营性建设用地量大分散、利用低效以及配套设施不足的现实问题，南海区探索政府统租（土地连片开发1.0模式）和集体土地整备模式（土地连片开发2.0模

式）。政府统租模式是由属地政府成立项目公司，统一承租涉及多个村集体经济组织的建设用地，经初步整理和完善配套设施后，再转租给用地企业。

在政府统租模式的基础上，南海区参照国有土地储备制度，探索集体土地整备模式，形成"产权托管+统筹开发"的入市模式。通过成立区、镇集体土地整备中心，以托管方式将符合入市条件的农村集体经营性建设用地进行整合，以备统一招商入市，有效解决以往集体土地零星分散利用的问题，实现集体土地的统筹综合开发，提升土地利用效率。

该做法实质上是政府积极参与下的整治入市方式，整备中心代表政府参与整合土地，作用类似于国有土地储备中心。其流程更加合理完善，具有系统性，较好解决了统租过程中财务成本过高的问题，降低了土地利用统筹成本，对于深挖集体土地市场价值，盘活农村土地资源具有重要意义。

（三）农村集体经营性建设用地入市的方式和交易形式

基于农村集体经营性建设用地的特殊性，其入市方式和交易形式应允许多元化。从各地实践经验来看，入市方式以出让为主，另外还包括租赁、作价出资或入股、土地置换、联营联建等，交易方式规定为招标、拍卖、挂牌出让，基本参照《招标拍卖挂牌出让国有土地使用权规范（试行）》的相关规定执行。各试点地区的情况如本文前述的表1所示。

1.出让

集体土地所有者将一定年期的集体建设用地使用权让渡给土地使用者，并向土地使用者一次性收取该年期内的土地收益，土地使用者取得让渡性质的集体建设用地使用权。这类似于国家经所有者身份出让国有土地的情形。

2.租赁

集体土地所有者将一定年期的集体建设用地租赁给土地使用者使用，并定期向土地使用者收取土地租金，土地使用者取得承租集体建设用地的使用权。

3.作价出资或入股

集体土地所有者以一定年期的集体建设用地的使用权作价，以出资或入股方式投入企业，并按出资额或股份分红，土地使用者取得作价出资（入股）集体建设用地的使用权。

关于集体建设经营性用地流转的年期，各地有不同规定，有的为3～5年，有的为10～15年，但多是出于限制目的。例如，试点地区的一般建设项目用地多采用出让的入市方式，年期可以为20年，年限届满后，对项目的综合效益和合同履约情况进行评估，续期或者收回土地的使用权。

上述内容参考表2所示。

表2　入市方式及典型地区

入市途径	入市途径	典型地区
就地入市	出让、租赁、入股	试点地区普遍开展
	原址原主补办手续	辽宁省海城市、长春市九台区等
异地调整入市	土地置换（宅基地置换）	贵州省湄潭县、成都市郫都区
	零星土地复垦后调整	浙江省德清县
整治入市	联营联建、连片开发	广东省南海区

资料来源：根据试点资料整理。

　　为更深入了解试点地区各种入市方式之交易形式的特征，同时考虑数据的可获得性，本节选取试点地区中的浙江德清、四川郫都、重庆大足和河南长垣等4个典型试点地区进行分析。通过各地区政府网站以及公共资源交易中心网站的公开数据，对典型试点地区的入市方式和交易模式数据进行对比分析。总计收集到近年来上述4个地区入市数据378份，包括浙江德清169份、四川郫都36份、重庆大足53份、河南长垣120份，整理如表3所示。

　　经分析发现，4个试点区（县）的入市方式较为相似，浙江德清和重庆大足均是两种，即出让和租赁；而四川郫都区和河南省长垣县则是三种，即出让、租贷以及作价入股。但是，具体入市比例有差异。比如，四川省郫都区、重庆市大足区以出让方式入市的集体经营性建设用地，不论是从入市宗数上看，还是从入

表3 典型地区集体经营建设用地入市方式和交易形式

<table>
<tr><th colspan="2">内容 / 项目</th><th colspan="2">浙江德清</th><th colspan="2">四川郫都</th><th colspan="2">重庆大足</th><th colspan="2">河南长垣</th></tr>
<tr><th colspan="2"></th><th>宗数</th><th>面积（平方米）</th><th>宗数</th><th>面积（平方米）</th><th>宗数</th><th>面积（平方米）</th><th>宗数</th><th>面积（平方米）</th></tr>
<tr><td colspan="2">总计</td><td>169</td><td>918714.85</td><td>36</td><td>783217.80</td><td>53</td><td>985725.00</td><td>120</td><td>414496.98</td></tr>
<tr><td rowspan="5">出让</td><td>拍卖</td><td>1</td><td>13295.35</td><td>0</td><td>0.00</td><td></td><td></td><td>0</td><td>0.00</td></tr>
<tr><td>挂牌</td><td>120</td><td>582614.50</td><td>30</td><td>552194.40</td><td>52</td><td>955025.00</td><td>10</td><td>785381.15</td></tr>
<tr><td>协议</td><td>0</td><td>0.00</td><td>2</td><td>213880.10</td><td></td><td></td><td>53</td><td>1128095.58</td></tr>
<tr><td>合计</td><td>121</td><td>595909.85</td><td>32</td><td>766074.50</td><td>52</td><td>955025.00</td><td>63</td><td>1913476.73</td></tr>
<tr><td>占比</td><td>71.60%</td><td>64.86%</td><td>88.89%</td><td>97.81%</td><td>98.11%</td><td>96.89%</td><td>52.50%</td><td>46.16%</td></tr>
<tr><td rowspan="4">租赁</td><td>挂牌</td><td>48</td><td>322805.00</td><td>3</td><td>16423.74</td><td>1</td><td>30700.00</td><td>0</td><td>0.00</td></tr>
<tr><td>协议</td><td>0</td><td>0.00</td><td>0</td><td>0.00</td><td>0</td><td>0.00</td><td>56</td><td>2229088.00</td></tr>
<tr><td>合计</td><td>48</td><td>322805.00</td><td>3</td><td>16423.74</td><td>1</td><td>30700.00</td><td>56</td><td>2229088.00</td></tr>
<tr><td>占比</td><td>28.40%</td><td>35.14%</td><td>8.33%</td><td>2.10%</td><td>1.89%</td><td>3.11%</td><td>46.67%</td><td>53.77%</td></tr>
<tr><td rowspan="3">入股</td><td>入股</td><td>0</td><td>0</td><td>1</td><td>719.56</td><td>0</td><td>0.00</td><td>1</td><td>2932.25</td></tr>
<tr><td>合计</td><td>0</td><td>0</td><td>1</td><td>719.56</td><td>0</td><td>0</td><td>1</td><td>2932.25</td></tr>
<tr><td>比重</td><td>0.00%</td><td>0.00%</td><td>2.78%</td><td>0.09%</td><td>0.00%</td><td>0.00%</td><td>0.83%</td><td>0.07%</td></tr>
</table>

数据来源：德清公共资源交易中心，重庆大足区公共资源交易中心，郫都区国土资源交易局，河南长垣县人民政府网站。

市面积上看，均超过了85%，以租赁或作价入股方式入市的集体经营性建设用地只占很小的比例。浙江省德清县以及河南省长垣县以出让方式和租赁方式入市的的宗数或面积均不像前两个试点区（县）差别明显，以河南省长垣县为例，从入市宗数上看，以出让方式、租赁方式、作价入股方式入市的集体经营性建设用地宗数占比分别为52.5%、46.67%、0.83%。从面积上看，其占比分别为46.16%、53.77%、0.07%。出让方式入市和租赁方式入市的数据相当接近。而在交易形式上，4个试点区（县）也存在较大差异。河南省长垣县更倾向于以协议形式进行交易，而其他试点区（县）则多采用挂牌形式。

六、农村集体经营建设用地入市的收益分配优化分析

入市的收益分配是农村集体经营性建设用地制度市场化运作的核心利益机制。农村集体经营性建设用地地权的流动性则会有力地推动着土地资产配置效率和土地利益分配结构的合理化。

农村集体经营性建设用地收益的分配主体，主要涉及土地所有者（成员集体、集体成员）、土地使用者和土地管理者（政府）等核心利益主体。分配内容主要包括两部分：一是集体经营性建设用地以出让、出租、入股等方式初次入市取得的市场性净

收益，即扣除取得成本和土地开发支出后的收益，如出让金、租金和股利等。二是出让或租赁后的集体经营性建设用地二次转让或转租环节的市场性净收益，如转让金、（转）租金、股利等。

分配关系是分配内容在分配主体之间合理调整，涉及政府如何参与收益分配，政府和集体之间、集体和农民个体，以及农民个体之间的分配安排和利益均衡问题。如图4所示。

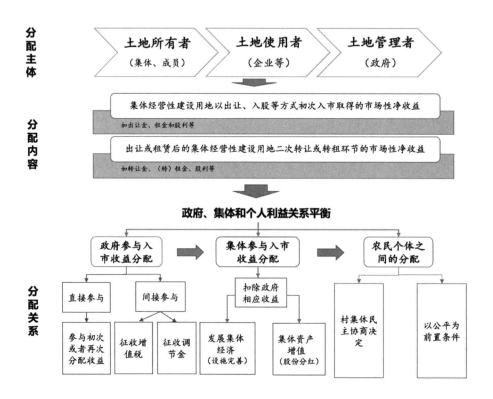

图4　农村集体经营性建设用地入市的收益分配分析

（一）政府参与入市收益分配的模式

该层面收益分配关系的核心问题是政府是否应该作为收益分配主体直接参与集体经营性建设用地入市收益的分配，应该以何种方式参与分配。从集体经营性建设用地入市的收益成因来看，是源于政府对于配套基础设施的巨大投入，因而政府有权参与集体经营性建设用地入市的收益。因此，本节主要从试点地区的实践中总结出政府参与收益分配的主要方式。

从制度层面来看，政府既可以"费"的形式参与分配，还可以以"税"的方式参与分配。国家层面早已在正式制度层面允许了各级政府按照收益共享的原则、以土地增值收益调节金的方式参与对集体经营性建设用地入市的收益分配[1]。

以"费"的形式参与分配，即县（市、区）政府按照合理比例收取农村集体经营性建设用地入市土地增值收益调节金。原则是集体经营性建设用地入市与土地征收转用取得的增值收益在国家和集体之间分享比例的大致平衡。

以"税"的方式参与分配，也就是获得"集体经营性建设用地入市成交价款的3%~5%的税金"。

---

[1] 2016年财政部和国土资源部联合发布的《农村集体经营性建设用地土地增值收益调节金征收使用管理暂行办法》中规定，"农村集体经济组织通过出让、租赁、作价出资（入股）等方式取得农村集体经营性建设用地入市收益，以及入市后的农村集体经营性建设用地土地使用权人，以出售、交换、赠与、出租、作价出资（入股）或其他视同转让等方式取得再转让收益时，向国家缴纳调节金"。

从各地农村集体建设用地入市收益分配的具体实践来看，主要分两种情况（如表4所示）。

一种是地方政府不直接参与土地增值收益分配，而是主要以土地管理者的身份以"费"或"税"的形式间接介入。目前，各试点地区主要采取调节金征收的方式，"税"的方式相对较少。例如，重庆垫江规定集体建设用地入市（出让、转让或出租）的增值收益一律归属农村集体经济组织，作为农村集体财产，但应向政府按收益总额的2%缴纳工作经费；再如，广东全域规定集体建设用地流转的增值收益应参照国有建设用地增值税的标准缴纳增值税。

调节金的征收方式和标准呈现出多样性特点，但是遵循的原则较为统一。从征收方式和标准来看，既有按固定比例征收的，也有差别化征收的，即在交易环节、土地用途、转让方式等多方面划分出若干标准（如表4所示）。从遵循原则来看，在其他条件相同的情况下，入市土地收益越高，调节金计征比例也越高。一般来说，在其他条件相同的情况下，对商服用地征收调节金的比例高于对工业用地的计征比例，规划区内的计征比例高于规划区外的计征比例。比如浙江试点以入市土地成交总价款为基数来计征调节金，入市地块位于县城规划区的，试点县政府对商服类用地、工矿仓储类用地分别计征48%、24%的调节金；入市土地位于乡镇规划区的，试点县政府对商服类用地、工矿仓储类用地分别计征40%、20%的调节金；入市土地位于其他地块的，试点县政府对商服类用地、工矿仓储类用地分别计征32%、16%的调节金。

另一种是地方政府直接参与土地增值收益分配。具体而言，有三种具体形式：一是政府主要参与集体建设用地初次入市的增值收益分配，如深圳等地；二是政府主要参与集体建设用地流转继次入市流转增值收益的分配，如上海等地；三是政府既参与初次入市环节的土地增值收益分配，又参与继次转让环节的增值收益分配，如苏州等地。

表4　政府参与入市收益分配的模式总结

参与方式	征收方式	征收标准	典型地区
政府直接参与	参与初次入市的增值收益分配	70%	深圳市凤凰社区收取土地成交价的70%归市土地整备基金
	参与继次入市增值收益的分配	—	上海市松江区在农村集体经营性建设用地入市后，在转让时规定了合理的比例来享受土地流转收益
	以上二者均参与	初次分配和继次分配有不同的标准	江苏苏州规定，集体建设用地初次流转，政府与土地所有者按照3：7比例分享土地流转收益；集体建设土地继次流转增值收益也实行郊区（县）、镇（乡）3：7分成 安徽芜湖规定集体建设用地初次流转增值收益在土地所有者、市政府、郊区（县）政府、镇（乡）政府之间按2：1：2：5的比例分成，继次流转则按累进制征缴增值收益
政府间接参与	固定比例征收调节金	12%	贵州省湄潭县收取土地成交价的12%作为土地增值收益调节金

（续表）

参与方式	征收方式	征收标准	典型地区
政府间接参与	差别化征收调节金	按交易环节	山西省泽州市一级市场出让、租赁、作价入股的按15%收取；二级市场转让、出租的按照增值部分的50%收取
		按土地区位	浙江省德清县规定商业用地征收调节金根据地区位置分别为32%（乡镇规划区域外）、40%（乡镇规划区域内）、48%（县城规划区域内）；工业用地的征收比例为16%（乡镇规划区域外）、20%（乡镇规划区域内）、24%（县城规划区域内）
		按转让方式	广东省佛山市南海区规定，以出售方式转让的，增值不超过100%的部分按增值额20%征收调节金，超过部分按照30%征收；以交换方式转让的，存在补偿的，由接收方按照补偿价差或实物评估价格的40%缴纳
		按土地用途	河南省长垣县委托第三方评估机构评估，对工业用地按照5%~15%征收，商业用地按照20%~40%征收
	收取增值税	—	广东全域规定集体建设用地流转的增值收益应参照国有建设用地增值税的标准缴纳增值税

资料来源：根据各地试点政策文件和各地官方报道整理所得。

（二）集体参与入市收益分配的模式

该小节的核心问题在于入市增值收益在政府和土地所有者之间的分配关系，以及成员集体和成员之间的分配关系。农地剩余控制权从地方政府向农民集体转移是农村集体经营性建设用地入市的突破性意义所在。

1.政府和土地所有者之间的分配关系

政府和土地所有者之间的分配是成员集体和成员之间分配的先行条件。土地所有者和政府之间的分配比例，以及政府内部不同层级之间的分配比例在各地的实践差异性较为明显。下面以农地集体建设用地入市较为典型的几个试点地方来进行分析。

江苏苏州规定，集体建设用地初次流转，政府与土地所有者之间按照3：7比例来分享土地流转收益。政府分得的土地增值收益在市、郊区（县）、镇（乡）三级政府之间分成，其中，市政府定额按"1.5元/平方米"标准收取，其余在郊区（县）、镇（乡）之间按3：7分成。集体建设土地继次流转增值收益也实行郊区（县）、镇（乡）之间按3：7分成。

安徽芜湖规定集体建设用地初次流转增值收益在土地所有者、市政府、郊区（县）政府、镇（乡）政府之间按2：1：2：5的比例分成，继次流转则按累进制征缴增值收益。

浙江湖州则规定，集体建设用地流转增值收益在农村集体经济组织和镇（乡）政府之间按9：1比例分成。

2.成员集体和成员之间的分配关系

集体和成员可以参与分配的收益是入市土地净增值收益。土地净增值收益由农村集体经营性建设用地入市出让总价款在扣除政府计征的调节金、土地取得成本、整理开发成本以及相应税费后的所得，由集体经济组织所有。

通过总结已有试点地区的经验，东中西部、发达地区和欠发达地区在集体和成员之间收益分配的差异性较为明显。

中西部地区倾向于将更多的入市增值收益留用于发展集体经济的意愿强烈。具体表现为分成收益直接统筹用于村内基础设施建设、公益设施配套建设、农民社会保障等方面的支出。例如，四川郫都区的集体经营性建设用地的入市增值收益以"二八开"为基准分配原则，即土地收益的20%按股东人数进行现金分配，剩下的80%为集体公积金和公益金（其中，50%作为集体资产管理公司公积金，并按公司股权设置量化到股东，另外30%为公益金，用于村级公共福利）。甘肃试点规定，农村集体经济组织取得的土地增值收益统筹用于本村集体基础设施、公益设施配套等建设支出，以及对农村经济困难群众的社保补贴和特困救助。河南试点规定，公益金主要用于全村修路、用电、用水、医疗保险等公益事业支出。

东部地区则侧重于在充分保障农村分红收益基础上构建集体资产保值增值长效机制。具体表现为将分成收益以股权增值方式追加量化成员股权。可通过对外投资、购买物业服务等用于发展壮大集体经济，期间农户可以享受收益现金分红。例如，在江苏昆山周市镇"股权固化"改革中，股红分配比例遵循4∶3∶3的原则，即40%增值收益用于集体经济组织成员分红，30%用于股份合作社积累以及再生产，剩余30%用于集体公共服务和开支。该做法通过社员代表制度提高了社员的自组织能力，通过"听证会制度"提升了决策的民主化程度，通过合理划分行政村与社区股份合作社边界，规避了代理人风险问题。

有极少数试点地方对不同层级农村集体经济组织如何参与分享集体建设用地流转收益进行了分层分类规定。例如，北京市大兴区规定由镇级统筹，各村集体按照持股比例参与分配。浙江德清则对三个层级的集体经济组织作了详细界定：乡镇级集体所得主要用于基础设施和民生支出，不用于成员分配；村级集体则将增值收益股份量化到成员以分红方式分享；村民小组所得收益按9∶1比例分别用于成员分配和集体提留。

综合来看，农村集体经营性建设用地归属决定了收益归谁所有，但是各地普遍存在收益分配中集体占有比例过大的问题。如果农村集体经营性建设用地归属乡镇集体经济组织，其入市收益就归乡镇集体所有，纳入乡镇财政统一管理。如果入市土地归属村集体经济组织或者村小组集体经济组织，2/3的试点地区规定村级层面可按照一定比例提取土地增值净收益，但各地区在收益分配上——集体占有比例过大、农民分红缺乏有效保障的现象普遍存在，集体提留经营性建设用地使用权的入市收益比例一般不低于40%，甚至部分地区规定分配到村民个人的收益原则上不得超过入市地块所在区域的征地补偿标准。

上述内容参考表5所示。

表5 试点地区成员集体和成员之间的分配状况

试点地区	分配比例
成都市郫都区	2：3：5 20%现金分配，30%村集体公益金，50%集体资产管理公司公积金
江苏昆山市	4：3：3 集体建设用地流转收益的40%直接分红，30%用于集体经济积累与再生产，30%用于集体公共服务和开支
广东佛山市	6：4 集体土地收益的60%用于入股分红，剩余40%用于集体自留资金发展集体经济
泸州市泸县	2：2：5：1 20%直接分红，20%基础设施，50%发展基金，10%员工收入和奖励
广东中山市	3：5：1：1 30%直接分红，50%社会保障，10%公益事业和基础设施，10%集体经济发展
昆山周市镇	4：3：3 40%直接分红，30%积累与再生产，30%集体公共服务和开支
佛山南海区	6：4 60%股份分红，40%集体自留发展资金
重庆大足区	8.5：1.5 85%直接分配，15%留存集体
河南安阳市	8：2 80%分配给农民，20%留存集体经济组织
山西泽州县	7：3 70%直接分配，30%留存集体
湖北沙洋县	7：3 70%分配给村民小组，30%留存集体

（续表）

试点地区	分配比例
北京大兴区	镇级统筹，各村集体按照持股比例参与分配
贵州湄潭县	集体经济组织成员分配比例不得少于净收益的50%，集体留存比例不得少于30%
常州武进区	集体经营性建设用地入市收益均存放在区级专项账户上，尚未进行分配利用
广西北流市	纳入农村集体财产，主要用于成员的社会保障及公益活动、基础设施建设
浙江德清县	乡镇集体经济组织入市收益不直接分配，用于基础设施建设、民生支出
	村级集体经济组织入市收益折股量化到村民股权，享受年底分红收入
	村民小组入市收益的10%作为村集体提留，90%在成员之间直接分配
河南长垣县	分配到村民个人的收益，原则上不得超过入市地块所在区域的征地补偿标准。多余部分留存于村组，供集体使用

资料来源：通过各地试点政策文件和官方报道整理。

（三）农民个体之间的分配关系

农户间的分配以公平为前置条件，具体分配方案由村集体民主协商决定。试点地区一般只给出原则性的指导意见，成员间的具体分配方案，包括分配范围和对象、分配额度、分配比例、兑现方式、争议处理等问题则交由村集体决定。从试点实践来看，入市收益属村集体的，一般由村委会提出分配草案，经村民会议或村民代表会议讨论通过后实施。入市收益属村民小组的，一般由村委会会同村民小组组长提出分配草案，经村民小组会议讨论后实施。具体可参考专栏4、专栏5的内容。

专栏4 山西泽州探索多元收益保障机制

山西泽州积极探索多元保障机制，让集体和农民真正分享到改革带来的切实利益，激发了改革新动能。他们的主要做法是，尊重集体意愿选择入市方式，通过保底分红、留置物业、"保底分红+经营收益分成"等多种集体收益分配方式，保证集体收益持续化、稳定化；采取平均分配、年终发放福利、统筹用于改善村内基础设施等多种收益分配方式，让集体经济组织成员多渠道分享收益。

该县北义城镇南义城村村委会将一块9亩多的闲置土地，流转给一家能源公司建设加油站，流转年限40年，成交价为132万多元。作为入市主体，南义城村委会按照总成交价的20%向政府交纳土地增值收益调节金，剩余全部地价款作价入股到该公司参与股息分配，公司以每年8%的固定利率向村委会支付股息，村集体以股息再进行内部分红。这种入市方式使村集体能够得到长期收益，企业也从一次性缴纳土地款变为每年分红，缓解了资金压力，双方实现共赢。

专栏5 平罗县走出农地入市带动脱贫和产业化的新路子

宁夏平罗县按照国家试点要求，以盘活土地资源、释放土地权能为目标，探索多种入市途径，保障农民收益最大化，带动乡村产业化和脱贫富民。

一是就地利用闲置公益性用地发展养老、农产品冷链加工等产业。一方面，为解决农村老年农民养老难题，平罗县探索引入市场主体将闲置农村校舍改造为宿舍、餐厅、活动室等养老设施，规划建设了节能日光温室蔬菜生产区、枸杞枣树栽培区、畜禽养殖区和休闲娱乐区，配套了供热锅炉、化粪池等基础设施。另一方面，利用闲置村委会办公楼引入农业专业合作社，联动农用地规模流转经营，建设农产品种植基地、冷链仓储、办公楼，配套农民田间学校、农业物联网信息服务站、水肥一体化智能控制、农田远程监控系统等现代设施。在盘活农村闲置资源的同时，解决了农村养老难题，促进了土地规模化经营。

二是依托农村闲置土地综合整治和"增减挂"探索调整入市。平罗县积极尝试编制村土地利用规划，通过土地综合整治，对原集体建设用地范围内或附近部分零星的农用地、未利用地，按照相关报批程序调整为经营性建设用地，以入市方式进行盘活利用。由村集体实施闲置宅基地和农房收储工作，对零散的居民点或利用率不高的宅基地予以复垦，利用增减挂钩的方式将复垦后结余的建设用地指标调整到符合规划的产业集中区入市。优化了村庄用地空间布局，保证了农业产业用地需求。

三是依托"脱贫攻坚"和"脱贫富民"战略实施生态移民项目优先入市。为解决南部山区生态移民的生产生活需求，探索集体经营性建设用地指标优先用于生态移民易地搬迁项目。在移民集中安置区，通过集体经营性建设用地优先入市，引进社会资本发展畜牧加工、服装加工业等产业，为移民群众提供就业机会。

七、政策建议

（一）完善集体经营性建设用地的产权制度设计

在国家层面出台农村集体经济组织成员资格认定指导意见，解决集体经济组织成员认定随意性强、差异化大的问题。从试点地区的实践来看，解决入市土地增值收益分配对象不清的问题，较为方便可行的手段是结合集体经济组织成员界定来实现。因此，目前迫切需要在国家层面通过立法来建立统一成员资格认定的标准。建议将成员资格认定纳入正在起草的《农村集体经济组织法》。成员资格认定应统筹考虑户籍、土地承包、居住状况以及村庄义务履行情况等，明确成员资格取得、丧失和保留的具体情形。"外嫁女""回迁户""农转非"等特殊群体成员资格界定，要严格遵循唯一性原则，避免这些群体的利益两头空或两头占。

（二）制定指导入市的全国性实施办法

在全面总结全国33个试点地区经验、亮点、困境的基础上，根据新修订《土地管理法》的要求，制定出台农地入市指导意见，明确入市的主体、范围、方式、途径、调节金的收取，明确农地入市过程中的监管体系，为全国各地全面推开农村集体经营性建设用地入市提供总规范。探索入市的市场化机制。建立城乡统一的建设用地入市交易平台。推动土地需求方和提供方依据市场需求自发交易，政府主要负责平台运行维护、划定基准地价、提供交易信息等基础性工作，集体土地实现国有和集体建设用地同网运行、同网竞价、同网交易。此外，农村集体经营性建设用地入市实施细则要因地制宜，充分考虑各地区的差异性，给地方政府余留一定的政策空间。

（三）建立公平合理的土地增值收益分配制度

建立适合我国国情并兼顾国家、集体、个人三方利益的土地增值收益分配制度。系统谋划农村集体经营性建设用地入市税费制度，探索土地增值收益调节金转税费的合理机制。比如可在参照国有土地税费交易实施办法的基础上，在转让、出让等环节收取土地增值税。健全土地增值收益在集体经济组织间的分配方法，重点是要因地制宜设置增值收益调节金，既要提高政府积极性，又要确保村集体经济组织和村民的利益不受侵害。而且，集体经济组织间的内部分配属于村民自治范畴，政府可以出台引导性政策来规范分配土地收益的内部分配关系，并对集体收益的使用加强监督管理，防止出现集体经济组织内部少数人占用、挪用等侵占入市收益行为的发生。

（四）统筹联动推进宅基地制度改革

多地试点经验表明，统筹推进宅基地制度改革，将符合条件自愿退出的宅基地、公共设施和公益事业用地纳入农村集体经营性建设用地范围，不仅提高了土地利用效率和土地增值收益，也在一定程度上化解了存量经营性建设用地面积少的难题。应在全面推进农村集体经营性建设用地入市的同时，加快探索建立进城落户农民在本集体经济组织内部自愿有偿退出或转让宅基地机制，加快建立健全农村存量建设用地的盘活机制，着力畅通农村闲置宅基地和废弃集体公益性建设用地转变为集体经营性建设用地入市的通道，保障依法自愿有偿退出的宅基地、腾退的其他用途集体建设用地，经国土空间规划确定为工业、商业等经营性用途并依法登记后可以入市交易。要在保障村民集体经济组织所有权、农民资格权不变的前提下，适度放活宅基地使用权。

参考文献

陈明.农村集体经营性建设用地入市改革的评估与展望[J].农业经济问题,2018(4):71-81.

陈锡文.农村集体土地入市要慎重[OB/EB].2016.https://illss.gdufs.edu.cn/info/1024/2160.htm.

董晓宇."苏南模式"的理论和实践30年回顾[J].现代经济探讨,2008(8):19-24.

董祚继.农村土地改革的协同性和系统性——关于统筹推进土地制度改革的思考[J].中国土地,2016(12):11-13.

华生.城市化转型与土地陷阱[M].北京:东方出版社,2013.

贺雪峰.地权的逻辑——中国农村土地制度向何处去[M].北京:中国政法大学出版社,2010:90-101.

姜海,田双清,陈乐宾.基于共识视角的新时代土地要素市场化配置改革研究[J].农业经济问题,2022,(2):70-84.

孔祥智,周振.我国农村要素市场化配置改革历程、基本经验与深化路径[J].改革,2020,(07):27-38.

孔祥智.宅基地改革政策沿革和发展方向[J].农村工作通讯,2019(12):29-33.

孔祥智,张琛.党的十八大以来的农村土地制度改革[J].中国延安干部学院学报,2016,9(2):116-122.

李太淼.农村集体经营性建设用地入市的难点问题论析[J].中州学刊,2019(1).

林毅夫,制度、技术与中国农业发展[M].上海:上海人民出版社,1994.

刘守英.中国土地问题调查:土地权利的底层视角[M].北京:北京大学出版社,2018.

刘东,张仕廉.土地批租制度重构探析——基于涨价归公、地利共享的目标取向[J].开放导报,2015(4):98—101.

刘英博.集体土地增值收益权归属的分析与重构[J].东北师大学报(哲学社会科学版),2014,(3).

刘同山,孔祥智.离农会让农户更愿意退出土地承包权吗[J].中国软科学,2020(11):61—70.

吕丹,薛凯文.农村集体经营性建设用地入市收益的分配演化博弈:地方政府角色与路径[J].农业技术经济,2021(9):115—128.

吕宾,杨景胜.农村集体经营性建设用地入市收益分配探析[J].中国国土资源经济,2017(8):19—22.

马翠萍.农村集体经营性建设用地入市收益分配的实践探索与制度优化[J].改革,2022,(10):106—116.

翁贞林,唐文苏,谌洁.乡村振兴视野下农村集体经营性建设用地直接入市:演进逻辑、现实挑战与未来展望[J].华中农业大学学报(社会科学版),2022,(3):188—196.

钱忠好,牟燕.中国土地市场化改革:制度变迁及其特征分析[J].农业经济问题,2013,34(5):20—26,110.

钱文荣,朱嘉晔,钱龙,等.中国农村土地要素市场化改革探源[J].农业经济问题,2021(2):4-14.

沈飞,朱道林.政府和农村集体土地收益分配关系实证研究——以我国土地征用-出让过程为例[J].中国国土资源经济,2004,(8).

吴昭军.集体经营性建设用地土地增值收益分配:试点总结与制度设计[J].法学杂志,2019(4):45-56.

谢保鹏,朱道林,陈英,等.土地增值收益分配对比研究:征收与集体经营性建设用地入市[J].北京师范大学学报(自然科学版),2018(3):334-339.

严金明,李储,夏方舟.深化土地要素市场化改革的战略思考[J].改革,2020,(10):19-32.

周应恒,刘余.集体经营性建设用地入市实态:由农村改革试验区例证[J].改革,2018(2):54-63.

周小平,冯宇晴,余述琼.集体经营性建设用地入市收益分配优化研究——以广西北流市的改革试点为例[J].南京农业大学学报(社会科学版),2021(2):116-125.

国家安全背景下
新能源关键矿产保供稳价研究

朱　杰

内容提要： 新能源关键矿产是指在能源转型过程中清洁能源技术所需的关键矿产。在总体国家安全观下，关键矿产资源安全呈现出保障供给安全、产业链供应链稳定畅通、价格相对稳定等诸多诉求。不同于传统能源资源矿产，新能源关键矿产在资源属性、供求格局、价格波动等方面呈现出"四高一低"的特征，即"资源开采集中度更高""技术不确定性更高""需求增速更高""价格波动率更高""回收利用率更低"。当前，我国新能源关键矿产对外依存度高、价格上涨较快、应急储备体系不健全、全球资源控制力不足，在全球资源竞争加剧的大背景下，保供稳价压力逐渐凸显。建议从提升供应链突发事件应对能力、增强国内产业链韧性、提高资源全球治理能力、提升国际市场定价话语权等方面着手，确保我国新能源关键矿产资源的供给安全和价格稳定。

一、引　言

2014年，党中央提出"总体国家安全观"，资源安全纳入国家安全体系。国家资源安全观是一个国家为防御和化解资源危机，保障经济平稳运行和社会和谐稳定所形成的关于自然资源开发利用的政策方针和思想观念的总和。国家资源安全观随着世界局势和国内环境的变化而动态演化，主要涉及的对象有矿产资源、水资源、土地资源、生物资源、海洋资源等。其中，矿产资源所特有的不可再生性和可耗竭性，使其居于资源安全的突出地位（吴初国，2021）。

新能源关键矿产是能源转型过程中的绿色、低碳、清洁技术所必需的矿产资源。随着越来越多的国家将净零排放政策承诺转化为具体行动，全球对新能源关键矿产资源的需求将大幅增加，这对我国矿产资源安全提出了挑战，短期内大宗矿产资源短缺的现状不会得到缓解，甚至有可能进一步加剧。因此，全球第三次能源转型对战略性新兴矿产资源的需求涉及国家安全，如何保障能源转型过程中的矿产资源安全是世界各国正在共同面临的课题（徐德义、朱永光，2020）。

我国新能源关键矿产储量少、品位差，与消费量严重不匹配，供需缺口较大。同时，新能源关键矿产资源全球范围内多呈现寡头垄断的特征，而我国企业的全球资源控制力不足，定价话语权相对较弱。在新能源关键矿产的重要性日益凸显的背景下，确保充足的矿产资源供应和相对稳定的矿产价格对我国能源转型和产业发展意义重大。

二、总体国家安全观与新能源关键矿产安全

（一）国家安全观的演进

我国国家安全观以不同时期的国家战略为导向，以国际国内宏观环境深刻变化为背景，响应社会生产力水平变革与发展诉求的不断优化与演变，最终形成了统筹安全与发展的总体国家安全观（周娜，2021；陈向阳，2022）。如表1所示。

表1　中国国家战略、发展环境与国家安全观阶段变迁

国家战略导向	国内外环境	国家安全观
立国战略 （1949—1977年）	国际封锁；国内巩固新政权，需求计划管控	传统型国家安全 （强调政治安全）
富国战略 （1978—2013年）	要素市场化改革，外向型经济拉动，国内需求积聚潜力	过渡型非传统国家安全 （强调经济安全）
强国战略 （2014年至今）	国际市场不确定性增大；超大规模国内市场潜力	总体国家安全 （统筹安全和发展）

（二）新能源关键矿产的界定

新能源关键矿产是指在能源转型过程中的清洁能源技术所需的关键矿产。国际能源署（IEA）在2021年发布的《关键矿物在能源转型过程中的作用》报告中对风电、光伏、水电、光热发电、生物发电、地热、核能、电网、电动汽车、储能、氢能等清洁能源技术所需的各种关键矿产进行了评估。结果显示，清洁能源技术所需的重要矿产包括钴、铜、锂、镍、稀土（钕、镝、镨、铽、其他）、砷、硼、镉、铬、镓、锗、石墨、铪、铟、铱、铅、镁、锰、钼、铌、铂、硒、硅、银、钽、碲、锡、钛、钨、钒、锌、锆等33种，其中，钴、铜、锂、镍、稀土（钕、镝、镨、铽、其他）等5种矿产最为关键。如图1、表2所示。

	铜	钴	镍	锂	稀土元素	铬	锌	铂族金属	铝
太阳能光伏	●	●	●	●			●	●	●
风	●	●	●	●	●		●	●	●
水电	●	●	●	●			●	●	●
CSP	●	●	●			●	●		●
生物能源	●	●	●	●		●	●		●
地热	●	●	●			●	●	●	●
核	●	●	●			●	●	●	●
电力网络	●	●	●	●	●		●		●
电动汽车和电池存储	●	●	●	●	●		●		●
氢	●	●	●		●	●	●	●	●

矿物对特定清洁能源技术的相对重要性：　　　　高的：●　　　缓和：●　　　低的：●

图1　清洁能源技术的关键矿产需求

资料来源：IEA。

表2　清洁能源技术所需要的关键矿产

关键矿产	其他矿产	
钴、铜、锂、镍、稀土（钕、镝、镨、铽、其他）	砷、硼、镉、铬、镓、锗、石墨、铪、铟、铱、铅、镁、锰、钼	铌、铂、硒、硅、银、钽、碲、锡、钛、钨、钒、锌、锆

资料来源：IEA。

结合我国的实际情况，与锂、钴、镍三种关键矿产资源相比，我国稀土储量位居全球首位，约占世界总储量的37%，保供稳价压力相对较小；铜资源全球分布较为广泛，我国进口来源较为分散，回收利用率较高，使得我国铜资源供应安全整体好于锂、钴、镍。因此，本文所研究的新能源关键矿产主要包括锂、钴、镍这三种。

（三）总体国家安全观下新能源关键矿产资源安全诉求

资源安全的核心是保证各种重要资源充足、稳定、可持续供应，在此基础上，追求以合理价格获取资源，以集约节约、环境友好的方式利用资源，保证资源供给的协调和可持续。在总体国家安全观下，新能源关键矿产资源安全呈现出以下诉求。

一是矿产资源在关键时刻要供得上。我国既是矿产资源生产大国，也是矿产资源消费大国，但矿产资源的供应结构性矛盾突出，尤其是锂、镍、钴等部分新能源矿产的供应能力严重短缺，对外依存度较高，供应链极易受生产国贸易政策限制、地缘政治及政治局势等因素干扰。关键时刻满足需求是新能源关键矿产资源安全的出发点和落脚点，保证在关键时刻市场供应不断档、不断供（吴初国，2021）。

二是矿产资源产业链、供应链要稳定畅通。矿产资源产业链、供应链稳定畅通是确保资源安全的必要举措。从市场角度来看，矿产资源的安全问题实际上属于产业链、供应链中断风险的一种，主要表现是一些至关重要的矿产资源和能源在勘探、生产、运输、加工、存储、采购、销售的某些环节上存在堵点和脱节，导致市场供应短缺或中断。充分融合国内国外两个市场两种资源，培育和建立稳定畅通的产业链、供应链，提升矿产资源的高效配置能力，创造有利于新技术大规模应用的国内环境，是构建矿产资源安全保障机制的关键之举（吴初国，2021；周娜，2021）。

三是矿产资源价格要相对稳定。新能源关键矿产资源是新能源和动力电池等产业的上游关键原料，稳定的矿产价格是产业健康发展的前提，过高或过低的原料价格将导致行业上下游的盈利能力两极分化，不利于产业长期健康发展。当下，国际矿产期货定价权、矿产公司联盟多数掌握在西方大公司手中，使得矿产资源的获取易受贸易壁垒、金融制裁等手段影响。确保矿产资源价格不大起大落，进而影响经济发展和能源转型，是我国新能源矿产资源安全的重要内容。如图2所示。

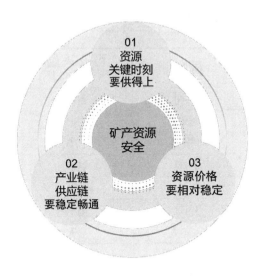

图2 新能源关键矿产资源安全诉求

三、新能源关键矿产的储量分布、消费情况及安全保障分析

（一）锂的储量分布、消费情况及安全保障分析

1.储量分布

2020年，全球锂矿（锂金属）储量约1634万吨，其中，智利储量最大，为860万吨，占比52.6%；中国储量约100万吨，占比6.31%。如表3、图3所示。

表3　2020年全球锂矿储量分布

序号	国家	可开采量（万吨）	占比（%）
1	智利	860	52.6
2	澳大利亚	280	17.1
3	阿根廷	170	10.4
4	中国	100	6.31
5	巴西	95	5.8
6	美国	63	3.9
7	加拿大	37	2.3
8	津巴布韦	23	1.4
9	葡萄牙	6	0.4
总计		1634	100

资料来源：李晔.新能源产业矿产资源安全保障分析[J].化学工业,2021,39(4):6-12；中国地质调查局。

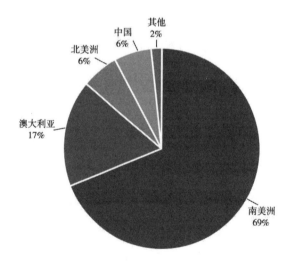

图3　2020年全球锂矿储量分布图

2.消费情况

2020年，全球锂（锂金属）消费量7.94万吨，其中，电池材料占比67.0%；预计到2025年，全球锂消费量21.6万吨，其中，电池材料占比87.6%。随着全球新能源产业的进一步发展，未来锂资源将主要用于电池材料。如表4所示。

表4　2020年和2025年（预测）全球锂（锂金属）消费量

类别	2020年		2025年	
	消费量（万吨）	占比（%）	消费量（万吨）	占比（%）
电池材料	5.32	67	18.9	87.6
陶瓷和玻璃	0.72	9.1	0.79	3.7
润滑剂	0.26	3.3	0.29	1.3
聚合物与橡胶	0.12	1.5	0.14	0.6
空气处理	0.09	1.1	0.11	0.5
药物	0.07	0.9	0.08	0.4
原铝	0.04	0.5	0.04	0.2
其他	1.32	16.6	1.23	5.7
总计	7.94	100	21.58	100

资料来源：李晔.新能源产业矿产资源安全保障分析[J].化学工业,2021,39(4):6-12.

3.安全保障分析

2020年，基于锂金属计算的我国锂矿产能为3.23万吨。预计到2025年，我国基于锂元素计算的锂矿产能为5.0万吨，远小于消费量。据中汽中心数据，2020年我国锂对外依存度达到79%。

持续深化要素市场化改革研究

我国锂矿资源主要用于电池材料，国内新能源产业的快速发展对锂矿资源的需求快速增长。虽然我国具有一定量的锂矿资源，但是受限于国内锂矿资源开采成本及储量，国内锂资源产量无法满足新能源产业的需求。全球锂矿资源集中于巴西、智利、澳大利亚等几个国家，这几个国家容易在锂矿资源上形成价格联盟，未来会对我国的锂资源进口构成较大威胁（茹存一，2021）。

（二）钴的储量分布、消费情况及安全保障分析

1.储量分布

2019年，全球陆地钴矿储量为700万吨。全球钴矿储量集中于刚果（金）、澳大利亚、古巴等少数几个国家。中国钴矿储量约8万吨，占全球比例不足2%。如表5所示。

表5　2019年全球钴矿（钴金属）储量分布

序号	国家	储量（万吨）	占比（%）
1	刚果（金）	360	51.43
2	澳大利亚	120	17.14
3	古巴	50	7.14
4	菲律宾	26	3.71
5	俄罗斯	25	3.57
6	加拿大	23	3.29
7	其他	96	13.72
总计		700	100

资料来源：李晔.新能源产业矿产资源安全保障分析[J].化学工业,2021,39(4):6-12.

2.消费情况

2019年，全球钴（钴金属）消费量为13.42万吨，其中，电池领域消费量8.35万吨，占比62.3%。2019年，我国钴消费6.90万吨，占全球比例为51.5%，其中，电池消费量5.63万吨，占比81.6%。如表6所示。

表6　2019年全球钴消费情况

领域	消费量（万吨）	占比（%）
电池	8.35	62.3
高温合金	1.8	13.4
硬质合金	0.78	5.8
催化剂	0.58	4.3
陶瓷	0.54	4
其他	1.37	10.2
总计	13.42	100

资料来源：李晔.新能源产业矿产资源安全保障分析[J].化学工业,2021,39(4):6-12.

3.安全保障分析

2019年，我国进口钴矿、钴冶炼中间品等各种钴矿资源折合钴金属约6.6万吨，对外依存度95.6%。未来，我国钴将主要用于电池材料。随着新能源产业的快速发展，钴消费量还将保持较快增长。我国钴资源储量非常小，对外依存度非常大，进口国主要是刚果（金），安全保障性较低。

（三）镍的储量分布、消费情况及安全保障分析

1.储量分布

2019年，全球镍矿（镍金属）储量约为8871万吨，主要分布在印度尼西亚、澳大利亚、巴西等国家，其中，中国储量约280万吨，占比3.2%。如表7所示。

表7　2019年全球镍矿储量分布

序号	国家	储量（万吨）	占比（%）
1	印度尼西亚	2100	23.7
2	澳大利亚	2000	22.5
3	巴西	1100	12.4
4	俄罗斯	690	7.8
5	古巴	550	6.2
6	菲律宾	480	5.4
7	中国	280	3.2
8	加拿大	260	2.9
9	其他国家	1411	15.9
总计		8871	100

资料来源：李晔.新能源产业矿产资源安全保障分析[J].化学工业,2021,39(4):6-12.

2.消费情况

2019年，全球精炼镍消费量241.1万吨，中国精炼镍消费量130.4万吨，占比54.1%。全球和中国镍消费领域比例分布一致，主要是不锈钢，约占85%，电池材料约占5%。如表8所示。

表8　2019年全球和中国镍消费领域

领域	占比（吨）	
	全球	中国
不锈钢	84	85
电镀	6	6
电池	4	5
其他	6	4
总计	100	100

资料来源：李晔.新能源产业矿产资源安全保障分析[J].化学工业,2021,39(4):6–12.

3.安全保障分析

2019年，我国镍资源对外依存度90.8%，主要进口国有菲律宾、印度尼西亚等，进口国集中度非常高。我国镍矿资源主要用于钢铁生产，未来几年钢铁消费及产量将总体保持平稳，镍矿资源消费的增加量可为电池材料的增长提供一定的支撑。但是，我国镍矿资源总体上对外依存度过高，而且镍矿进口来源国和资源主要集中于少数几个国家，镍电池材料的保障形势依然严峻。

（四）锂、钴、镍在资源属性、供求格局、价格波动等方面呈现出诸多不同于传统能源矿产资源的特征

锂、钴、镍在资源属性、供求格局、价格波动等方面呈现出不同于铜、铝、锌等金属矿产，也不同于石油、天然气等能源矿产的特征，可概括为"四高一低"，即"资源开采集中度更

高""技术不确定性更高""需求增速更高""价格波动率更高""回收利用率更低"。

1.资源开采集中度高

锂、钴、镍的开采在地理上高度集中，集中度高于铜、铝等金属，也高于石油、天然气等能源矿产。特别是锂、钴，全球前三大生产国控制了全球产能的四分之三，钴资源仅刚果（金）一个国家就占据了全球产量的一半以上。2019年，刚果（金）钴产量占全球钴总产量的70%。如图4所示。

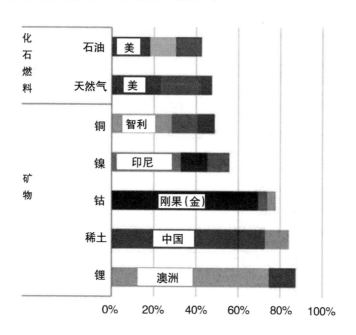

图4 各类矿产前三大资源开采国占全球比重

资料来源：IEA。

2.技术不确定性高

锂、钴、镍需求的快速增长得益于技术进步，未来也可能因技术迭代而导致需求快速下降。储能电池技术的进步是锂、钴、镍资源消费增长的重要驱动力。储能电池技术在200年间经历了铅酸蓄电池、镍镉电池、镍氢电池和锂离子电池的发展轨迹，由于锂离子电池具有能量密度高、适用场景多等特点，在电动汽车和可再生能源发电的储能设备等新能源技术中有广泛应用。美国地质调查局数据显示，2015年以前陶瓷和玻璃是全球锂资源下游应用的最大领域，常年占全球锂消费份额的30%左右。从2015年开始，电池成为锂资源用量最大的终端场景，占全球锂消费份额从2010年的20%上升至2015年的35%且进一步攀升至2019年的65%，带动全球锂消费量从2010年的2.5×10^4吨增长至2015年的4.9×10^4吨并进一步增长到2019年的5.6×10^4吨。但也应该看到，储能的技术路线是多元化的，未来随着全球能源与环境压力催生新能源技术不断发展，如果氢能和钠离子电池技术取得突破，也可能使锂、钴、镍等矿产资源的需求量快速下降。

3.回收利用率低

回收利用率因金属而异，主要取决于回收难易程度、价格水平和市场成熟度。广泛应用的铜、镍和铝等基础金属，回收利用率较高。由于价格昂贵，铂、钯和金等贵重金属的回收利用率也较高。但受回收技术限制（例如，锂在热力学和冶金方面的回收反应性），全球锂、钴、稀土等回收利用率较低。此外，回收利用率也存在区域差异，欧盟约50%的基础金属可通过再生利用供应，而世界其他地区的这一比例仅为18%。如图5所示。

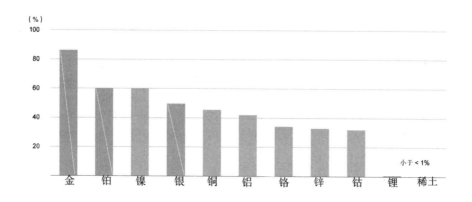

图5　各类金属矿产回收利用率

资料来源：IEA。

4.需求增速高

未来锂、钴、镍的需求增速远高于铜、锌等金属。根据IEA（国际能源署）公布的数据，按照SDS情景（即实现《巴黎协定》的目标）测算，到2040年，锂、镍、钴、稀土的需求量较2020年分别增长43倍、41倍、21倍、15倍；而铜、锌、锡、铅等金属的需求量较2020年分别增长2.7倍、2.6倍、2.7倍、1.7倍。如图6所示。

同时，由于需求变化速度与新项目开发速度的不匹配，导致未来供给增长速度难以满足需要，存在较大缺口。根据IEA公布的数据，矿产资源开采从发现到首次生产平均需要16年以上。以锂矿为例，据IEA估计，在SDS情景下，到2040年，锂的需求量将增长40倍以上，但是现有的锂矿和在建项目，只能满足未来10年一半左右的预测需求。如图7所示。

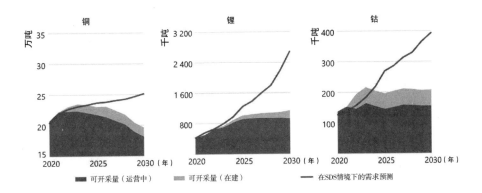

图6 铜、锂、钴可供给量与需求量预测

资料来源：IEA。

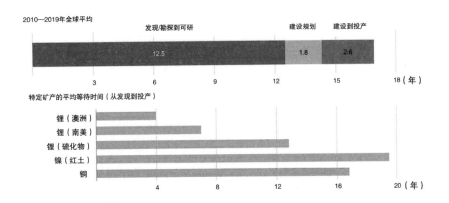

图7 2010—2019年全球从发现矿到投产的平均等待时间

资料来源：IEA。

5.价格波动率高

与能源矿产价格以及铜、铝等金属价格相比，锂、钴、镍的价格波动率更大。图8显示了2015年1月至2020年1月锂、铜、钴、镍的价格波动情况（左）以及2010年1月至2021年2月的金属矿产和化石燃料的价格波动率（以月度标准差衡量）（右）。结果显示，锂、钴、镍的价格波动率高于煤炭等化石能源，也高于铜、铝等金属。

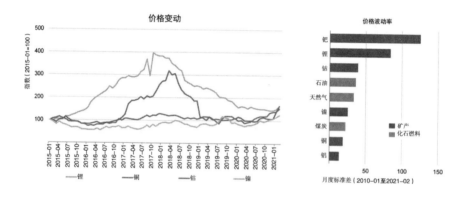

图8　矿产的价格变动情况和价格波动率

资料来源：IEA。

四、影响新能源关键矿产价格的因素

如图9所示，锂、钴、镍等新能源关键矿产资源具有多种特征。而造成新能源关键矿产资源价格波动的原因是多方面的，其中供需双方的矛盾是影响价格波动的基本因素，各类投机因素是短期波动的主要推手，而自然灾害、生产周期性变动以及政策调控等因素也对价格产生影响（成金华等，2017）。综合来看，矿产资源价格波动主要受如下两种因素影响。

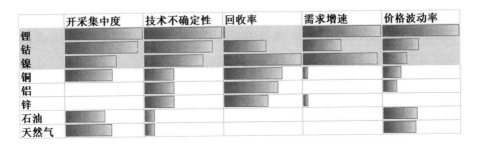

	开采集中度	技术不确定性	回收率	需求增速	价格波动率
锂					
钴					
镍					
铜					
铝					
锌					
石油					
天然气					

图9　锂、钴、镍呈现出诸多不同于传统能源矿产资源的特征

一是商品属性，即供需状况影响商品价格。其中需求主要受全球经济基本面的影响，但气候、地缘政治的影响可以在短期造成供给端的激烈动荡。20世纪70年代以来的经济周期更替中，国际矿产资源价格波动多由供给驱动（张珣等，2009）。矿产资源的需求价格弹性与供给价格弹性均较小，而卖方多居于寡头垄断地位，控制了供给的数量和价格，对定价机制形成起到了重要作用。近年来，清洁能源产业进入快速发展阶段，对锂、钴、镍等矿产资源的需求迅速增长，国际矿产资源价格波动多由需求驱动。例如，2020年疫情暴发导致市场预期逆转及新兴经济增速放缓，需求下降导致国际矿产资源价格下降。而随着疫情影响减弱，对锂、钴、镍等矿产资源的需求恢复，旺盛的需求成为近期

持续深化要素市场化改革研究

国际矿产资源价格全面上涨的主要因素。

二是金融属性。随着商品金融化的深入，铜、铝、锌等商品价格受金融因素影响日益增大，主要包括4个方面：投资需求、投机活动、市场流动性和主要计价货币美元币值（韩立岩、尹力博，2012）。从投资需求方面来看，铜、铝、锌等大宗商品具备一定的保值性和增值性，这使得该市场成为机构和个人投机者的重要投资渠道。从投机活动方面来看，当游资和对冲基金在各品种之间频繁进出时，市场就表现为不同品种的轮番上涨或下跌，很大程度上造成了价格波动对基本面的偏离。从市场流动性方面来看，当世界各主要经济体为恢复经济而采取积极财政政策和宽松货币政策时，市场流动性大量增加，在一定程度上助推价格上涨。从美元币值方面来看，由于美元是大部分国际商品和服务贸易的定价和结算货币，在其他条件不变时，美元币值变动会影响国际大宗商品标价变动。近年来美国推行的弱势美元政策，在一定程度上助推了以美元计价的国际大宗商品价格上涨。此外，不同类大宗商品之间存在价格联动机制，能源价格上涨也会逐渐拉升其他诸如金属等商品价格（徐国祥、代吉慧，2015）。

值得关注的是，相比于铜、铝等金属，锂、钴、镍的价格还更多地受到各国能源政策影响。根据IEA数据，IEA（国际能源署）按照SPS情景（即未来各国既定政策）测算，到2040年，锂、镍、钴、稀土的需求量分别增长12.8倍、6.5倍、6.4倍、3.4倍；而按照SDS情景（即实现《巴黎协定》的目标）测算，到

2040年，锂、镍、钴、稀土的需求量分别增长43倍、41倍、21倍、15倍。两种情景下，对锂、镍、钴的需求差异较大。国际气候协定和各国落实气候目标的政策、措施、行动和决心，均对锂、镍、钴的需求预期产生影响，由于需求变化速度与新项目开发速度的不匹配，进而造成锂、钴、镍的价格波动更为频繁。

五、新能源关键矿产保供稳价面临的主要挑战

（一）国内供给保障能力与消费量严重不匹配，对外依存度高

我国多数新能源关键矿产的储量与消费量严重不匹配，加之资源品位低、开采成本高、环保要求严、价格形成机制有待完善等因素作用，矿产开发空间受限，产量增长缓慢，国内供给保障能力不足。以锂、钴、镍为例，中国地质调查局数据显示，2020年我国锂、钴、镍储量占全球储量的比重分别约为6.31%、1.95%、4.39%，而我国锂、钴、镍的消费量占全球比重均超过50%。储量与消费量的严重不匹配导致我国新能源关键矿产的对外依存度高，据中汽中心数据，2020年我国锂、钴、镍的对外依存度分别达到79%、97%、92%。此外，我国动力电池回收体系有待完善，存在生产者责任延伸制度的设计尚不成熟、服务网点建设不足、法律政策体系有待完善、公众参与度不高等问题（张

文静，2022），在一定程度上制约了国内供给保障能力。

（二）全球需求持续旺盛但供给增长相对缓慢，矿产价格大幅上涨

从需求侧来看，2021年以来，随着俄罗斯、日本、欧盟、韩国、中国、英国、美国等相继出台碳达峰、碳中和行动计划，全球风电、光伏、储能、新能源汽车等产业快速发展，对上游关键矿产的需求迅速增加。从供给侧来看，由于2019—2020年新能源全球关键矿产价格的下行导致投资低迷、产能出清，且矿产勘探建设周期较长，供应在短期内难以匹配需求，导致矿产价格大幅上涨。世界金属统计局、国际钴业协会等公开数据显示，2021年全球精炼镍市场供应短缺14.43万吨，金属钴供应短缺1.5万吨。据安泰科统计数据，2021年电解镍、电解钴、碳酸锂、氢氧化锂的现货均价分别同比上涨26%、40%、177%和117%。

（三）进口来源单一且应急储备体系有待完善，供应链缺乏弹性

新能源关键矿产的全球分布极度不均衡，叠加部分国家原矿出口限制，导致我国部分矿产进口的来源地单一。海关总署数据显示，2022年一季度，我国约95%的锂精矿进口自澳大利亚，约99%的钴原料（钴矿及钴湿法冶炼中间产品）进口自刚果（金），约74%的镍矿进口自菲律宾。同时，我国新能源关键矿

产的应急储备体系也有待完善。一方面，我国新能源关键矿产储备规模较小，与"全球最大的新能源关键矿产消费国"的地位不匹配。另一方面，收储和放储制度不完善，存在收储资金到位较慢、收放储决策流程较长、制度约束过多而激励不足等问题，政府储备的保供稳价作用较弱。此外，我国新能源关键矿产商业储备机制尚未建立，商业储备灵活、高效、市场化的优势未能发挥。

（四）企业全球资源控制力不足且进口需求分散，定价话语权较弱

从全球产业格局来看，新能源上游关键矿产领域多呈现寡头垄断的特征，而我国企业的全球资源控制力相对不足，所控制的全球资源远小于我国矿产消费量。以锂、镍矿为例，公开资料显示，2021年我国锂、镍消费量分别约占全球总消费量的60%和56%，但全球约50%的锂矿资源被美国雅宝、智利矿业化工和美国富美实公司控制，我国的赣锋锂业和天齐锂业仅控制约30%的锂矿资源；全球前十大镍矿企业中仅有一家中国企业。

从关键矿产进口情况来看，我国新能源矿产加工企业数量较多且进口需求分散，进口价格的确定多以加工企业与上游原料供应商的分散谈判为主，规模化效应缺乏。买家进口需求分散而卖家相对集中，导致我国企业的议价回旋余地较小，对新能源关键矿产的价格话语权有限，更多时候只能被动地接受价格上涨。

六、国内外关键矿产资源治理实践及启示

（一）主要发达经济体关键矿产资源治理实践

1.美国关键矿产资源治理实践

一是摸清国内资源家底，强化行业人才储备。美国在始终坚持进行地理调查与地质资料数据库建设而摸清家底的同时，尝试从矿山尾矿、海水及地热盐水等非常规来源中扩大矿产资源供给源头。美国内政部定期会对美国境内潜在矿床开展资源评估工作。美国地质调查局从20世纪90年代开始构建矿产资源在线空间数据系统，开启了基础地质图数字化工作，并对公众开放。美国也通过培养采矿工程、材料科学、地质学、产业生态学等跨学科人才，为矿产供应行业的现代化储备专门人才（于宏源，2017；周娜，2021）。

二是加强国际资源合作，经略全球矿产资源。为维护本国产业链的稳定，美国通过美国地质调查局、大型跨国公司等积极部署国际地质计划，经略全球矿产资源。利用本国地质勘查累积的先发优势，经由美国地质调查局，美国已经与全球主要资源国在矿产资源调查评价与资源供需形势分析等方面展开了深度合作，

已对矿产资源在世界范围内的分布规律与地质作用过程、产地与资源条件甚至是资源开发的环境影响等方面形成了系统性的认识，且正在引起全球矿产资源领域信息传播方式的变化。通过兼并或重组等形成的美国大型跨国公司已经牢牢把握世界矿产资源权益（于宏源，2017）。

三是通过区域协定、倡议等建立矿产资源地区贸易规则，保证产业链稳定。美国尝试建立矿产资源领域的地区贸易规则，保证自身在区域市场的绝对优势与产业链稳定。比如纽约商品交易所（COMEX）的期货交易波动影响全球黄金价格；美国牵头成立的自由贸易协定（USTR）以及能源资源治理倡议（ERGI）等双边或多面贸易投资自由化协议，实际上通过强化美国与协议国家的矿产资源联合治理以保证美国铀、镍、钛、铂族金属和钾等矿产资源的稳定供应（于宏源，2017；周娜，2021）。

2.欧盟关键矿产资源治理实践

一是从生产端和使用端共同发力，提高资源综合利用效率。在生产环节，欧盟在2008年发布的欧盟原材料倡议中就从矿产资源相关资料收集、开采技术、环境保护等方面提出了实现资源可持续开发的相关策略。在使用环节，欧盟强调加强研发支持以实现废物收集和回收利用，进而提高资源综合利用效率。在海外布局环节，欧盟的首要政策是强化与多个矿产资源供应国的双边关系，实现供应的稳定和供应来源的多样化。

二是充分利用双边与多边贸易协议以实现产业链的稳定。在和中国进行的关键原材料贸易中，欧盟充分利用现行WTO贸易框架和既有规则，分别于2012年和2016年发起稀土诉讼案和12种原材料的出口调查案，要求中方解除对稀土出口的配额限制和对12种原材料的出口限制。中国在两个案件中的失败显示了欧盟在既有贸易规则中的主导地位和影响能力。此外，欧盟通过双边与多边贸易协议，在不断加强与OECD（经济合作组织）和世界银行等区域和全球组织合作的基础上正在逐步实现产业链的稳定。

三是依托交易平台提高对资源价格的影响力。伦敦金属交易所正在成为全球多个金属资源的国际定价中心。欧盟寄希望于地缘优势而依赖伦敦金属交易所展现对金属交易与金属定价的影响力。

四是推广技术标准与行业准则来影响全球规则的制定。欧盟作为循环经济、低碳发展与低碳技术、可持续发展的先驱，也正试图用其在上述领域积累的技术优势与经验优势，推广技术标准与行业准则，从而为欧盟带来巨大经济利益。比如欧盟正在通过多边政策对话及国际和多边环境协定等方式来推广全球塑料协定，并特别关注"尤其是那些影响到贸易和（或）产品标准的措施"（葛建平，2020；周娜，2021）。

3.日本关键矿产资源治理实践

日本资源匮乏，在关键矿产清单中强调政府和企业的通力合作以保证国内资源安全。

一是加强海外矿产勘探，建立矿产储备体系，降低关键矿产供应风险。

二是积极寻求资源外交，使用先进的技术和经验同资源国建立稳定的关系，如日本与越南、澳大利亚、美国等签署稀土共同开发协议。

三是加强对矿业企业的经济激励，鼓励企业进行矿产开发和技术创新。主要包括：为矿产品贸易、矿业企业融资担保提供相应的财政支持；为矿业企业提供更加有利的社会经济环境；充分发挥经济激励作用，依靠多元化主体来促进关键矿产技术的研发以及相关产业的发展等（葛建平，2020）。

（二）我国关键矿产资源保供稳价的主要经验

一是建立关键矿产资源储备市场，根据关键矿产资源供需缺口情况，制定和实施具有针对性的商品投放策略，发挥储备市场调节作用，缓解市场供给失灵问题。

二是引导企业走出去，加大矿产资源的全球配置能力，缓解我国部分矿产资源储量不高、开采不足而导致供需缺口的问题。

三是加大对矿产资源再生产业发展的政策支持，例如，对资源综合利用产品和劳务部分即征即退增值税税额，鼓励和推进再生有色金属生产企业技术升级改造以及实施绿色化、数字化转型。

四是加强市场监管，强化预期管理，打击恶意炒作和囤积居奇。在价格明显不合理时，通过约谈有较强市场影响力的重点企业、依法严厉查处达成实施垄断协议等方式，引导商品价格更多回归基本面。

五是积极发挥行业协会作用，强化行业自律（杨宜勇、刘方，2022）。

七、新能源关键矿产保供稳价的政策建议

短期来讲，采取完善新能源关键矿产信息库、建立供应风险动态监测预警机制、完善应急储备体系等一系列保供稳价措施，以提升供应链对突发事件的应对能力。中长期来讲，通过提高资源自主能力、加强资源国际合作等措施，保障矿产资源产业链、供应链和资源价格相对稳定。如图10所示。

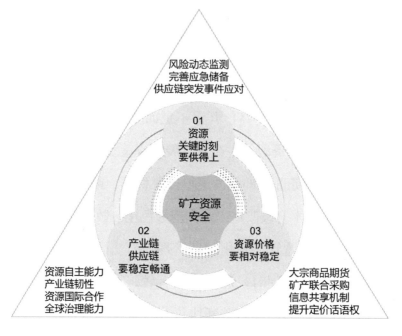

图10　新能源关键矿产保供稳价的政策建议图示

（一）加强体制机制建设，提升供应链对突发事件的应对能力

一是完善新能源关键矿产信息库。结合我国矿产资源总体规划与清洁能源产业发展规划，科学预测我国新能源关键矿产在不同阶段的产量和国内需求量，建立新能源关键矿产信息库，定期更新矿产储量、产量、需求量、供需缺口等信息，为资源动态监测和完善储备体系提供基础数据。

二是建立供应风险动态监测预警机制。密切跟踪、监测全球新能源关键矿产的市场动向、价格走势和贸易格局，加强全球市场的波动性监测，预警价格异常波动，为分类施策和精准调控奠定基础。充分考虑资源、技术、经济、社会和生态环境等诸多不确定因素，评估疫情、国际争端等外部环境条件变化对新能源关键矿产供应的潜在影响，密切关注极端事件对资源供给国的冲击程度，及时发现对我国不利的苗头性和倾向性问题，强化对重要大宗商品供给可能发生中断的风险警示。加强部门间协作，积极防范外部风险所带来的冲击。

三是加强应急储备体系建设。适度扩大新能源关键矿产储备规模，当新能源关键矿产市场价格回落到周期性低位时，择机增加矿产储备。合理配置、动态调整储备品种和规模，根据我国经济发展态势和矿产资源供应形势，动态调整储备矿产资源数量，

增强市场调节调峰能力，确保极端情况下的关键矿产资源可供性。完善收储和放储制度，提高财政资金拨付及时性，加快收放储价格审批速度，优化考核机制，增加激励措施。完善政府储备与商业储备相结合的新能源关键矿产储备机制，探索开展新能源关键矿产企业商业储备试点，利用市场化机制引导社会资本参与储运设施建设、运营和维护。鼓励金融机构研究支持新能源关键矿产商业收储。

四是强化市场监管和预期管理。常态化开展期现货联动监管，排查投机性资金进入相关市场引发的风险和隐患，防范输入性风险经由期货市场向其他市场传导。强化穿透式监管，加强信息披露与核查，严控各类内幕交易，消除风险隐患。规范价格指数发布和运行，严厉查处滥用市场支配地位加剧价格异常波动的行为，打击串通涨价、哄抬物价、囤积居奇等不正当竞争行为。

（二）提高资源自主能力，增强国内产业链的韧性

一是加快资源勘探和项目建设，夯实关键技术研发工作，增强国内资源的有效供给能力。加大新能源关键矿产资源勘探开发力度，大幅增加勘查投入。完善矿产资源勘查激励政策，充分调动勘探单位的积极性。压缩采矿权证办理时间，规范各地矿业权出让收益市场基准价的计征基础、计征方法和分类调整系数，加快推进国内新项目和在产资源接续项目建设。加强选矿提纯技术与综合开发利用技术等的科技攻关工作，提高关键矿产资源产量

及伴生金属的综合利用率，降低开发成本。

二是深化矿产资源管理体制改革，推广"净矿出让"机制，降低矿业权交易成本。推行矿业权竞争性出让，大力推广完善"净矿出让"机制，确保采矿权人竞得采矿权后能顺利进场施工，降低矿业权交易成本。建立"矿业权出让+登记"制度，规范矿业权出让登记管理政策，优化规划用地审批流程，探索推行土地、规划、测绘实行"多审合一、多证合一、多测合一"，解决以往市场主体拿到矿权后仍面临的手续烦杂、审批周期长的问题。建立健全共伴生矿产资源综合开发利用减免出让收益和相关税收等激励机制，探索战略性矿产资源的矿业权出让收益征收新机制。

三是加快资源回收利用体系的建设，增加国内资源的二次资源供应。考虑到未来需求巨大的新能源汽车市场和技术回收的可行性，废旧汽车中锂电池的回收潜力应该受到更多关注。目前国内废旧动力电池回收量远远低于报废量，回收网络尚不完善，尚未形成规模化回收处理能力。未来一个可能的技术方案是依托智能物联网技术与大数据技术建立废旧动力电池"绿色智慧型"回收体系，囊括材料供应商、电池生产商、设备制造商、储能企业、车企和动力电池终端用户等全产业链多元参与方，实现对锂电池从前端跟踪到末尾回收的全生命周期管理，构建完善的废旧动力电池产品回收标准，开发动力电池梯级利用技术，有效实现二次资源的回收利用。

四是推动储能电池替代技术的研发工作，减少电池对锂、钴、镍资源的依赖。储能电池技术的进步是锂、钴、镍资源消费增长的重要驱动力。但是也应该看到，储能的技术路线是多元化的，未来随着全球能源与环境压力催生新能源技术不断发展，如果氢能和钠离子电池技术取得突破，也可能使锂、钴、镍等矿产资源的需求量快速下降。研究表明，锂替代政策对中国锂产业链安全的正向作用大于锂回收政策（周娜，2021）。因此，我国应积极推动储能电池替代技术的研发工作，以减少电池对锂、钴、镍资源的依赖。

（三）加强资源国际合作，提高矿产资源全球治理能力

一是鼓励国内大型企业积极布局海外。鼓励企业通过资产重组或项目互换等方式，加强对全球上游资源的掌控，加大海外优质资源的开发力度。鼓励国内主要电池供应商进一步通过与头部整车厂商的战略合作，促进电池技术的研发和革新，跻身全球动力电池供应第一梯队，强化国内电池生产商在与下游整车厂商博弈中的谈判能力。

二是加强行业级合作。一方面，成立资源综合利用行业协会，组建资源开发国家技术联盟等，推动《新能源汽车废旧动力蓄电池综合利用行业规范条件》在区域内的设立和推广工作，牵头制定和实施资源综合利用行业标准。另一方面，积极开展资源外交，不断深化相关领域国际合作，深化资源全球治理，妥善应

对资源东道国政局突变、中美贸易战、疫情等不确定性事件对资源产业链的冲击，努力推进资源产业链全球格局向公平、共赢和可持续方向不断发展。

三是依托"一带一路"倡议和亚洲基础设施投资银行，加强与全球资源国和需求国在基础设施、贸易、技术及相关设备等方面的联系和交流，为后续全球资源跨境回收系统的建立提供技术、信息与设备支撑。基于与已有国家的合作基础，可尝试建立海外矿山开发投资指南，积极引导企业在南美洲的阿根廷、智利，以及非洲的津巴布韦等优质资源区的布局和开发，为中国企业在海外开发资源降低政治风险，同时也能避免当前海外资源投资过度集中于澳大利亚等高成本区的潜在的市场风险，构建合理的海外资源供应体系（周娜，2021）。

（四）发挥市场规模优势，提升国际市场定价话语权

一是发挥上海期货交易所对地区现货市场价格的影响，争夺新能源关键矿产资源的定价权。近年来，多家交易所上线锂、钴、镍期货，争夺关键矿产资源定价权。美国芝加哥商品交易所与英国伦敦金属交易所分别于2021年5月和7月上线了锂期货交易合约，其中，前者以中日韩CIF氢氧化锂价格作为结算标的，后者以Fast markets的氢氧化锂价格进行现金结算。公开透明的交易平台可以及时反馈市场变化，透明且快速流动的价格信息和交易平台自身的监管职能可以有效规避价格暴涨的极端情况的发生

（Sun等，2022）。我国应发挥上海期货交易所有色金属期货价格指数对地区有色金属现货市场交易价格的影响，利用中国在锂、钴、镍全产业链产品贸易的既有地位形成对全球价格的影响力。

二是通过矿产联合采购以增强价格博弈能力。我国是全球矿产资源价值链上的核心国家，市场规模优势明显。当前，我国新能源矿产加工企业数量较多且进口需求分散，进口价格的确定多以加工企业与上游原料供应商的分散谈判为主，规模化效应缺乏。建议引导矿产龙头企业发起设立采购联盟，鼓励联盟内企业在供应商资源共享、采购信息互通、联合采购等方面展开合作，形成长期稳定、优势互补的伙伴关系，通过联合批量采购以增强价格博弈能力，降低矿石采购价格。

三是建立信息共享机制以促进各方之间的有效协调。频发的价格危机暴露了在锂、钴、镍等矿产资源产业中的长期以来一直存在的信息不对称的问题。需要建立一个包含政府、消费者、第三方智库和产业链上下游企业在内的信息共享机制，促进各方之间的有效协调、合作和沟通。这样的机制可以帮助行业形成有效的合力，从而减少需求的扭曲化、产能过度扩张和恶意囤积库存等不良事件的发生（Sun等，2022）。

参考文献

[1]韩立岩,尹力博.投机行为还是实际需求——国际大宗商品价格影响因素的广义视角分析[J].经济研究,2012,47:83-96.

[2]徐国祥,代吉慧.中国与国际大宗商品市场价格之间的关联性研究[J].统计研究,2015,32:81-89.

[3]汪灵.战略性非金属矿产的思考[J].矿产保护与利用,2019,39:1-7.

[4]徐德义,朱永光.能源转型过程中关键矿产资源安全回顾与展望[J].资源与产业,2020,22:1-11.

[5]成金华,尤喆,朱永光,等.有色金属国际价格波动的影响因素研究[J].中国人口·资源与环境,2017,27:35-45.

[6]钟一鸣.大宗商品价格波动的影响因素探析——以基本金属铜为例[J].中国管理信息化,2012,15:48-49.

[7]吴巧生,周娜,成金华.战略性关键矿产资源供给安全研究综述与展望[J].资源科学,2020,42:1439-1451.

[8]倪善芹,侯淞译,王洪海,等.镍价格的主要影响因素及其未来价格走势分析[J].资源科学,2015,37:961-968.

[9]郭娟,闫卫东,徐曙光,等.中国关键矿产评价标准和清单的探讨[J].地球学报,2021,42:151-158.

[10]关劫.影响铜期货价格的主要因素[J].资源再生,2008:50-51.

[11]冯俊.简论影响国际期货铜价格的主要因素[J].中国证券期

货,2010:35.

[12]葛建平,刘佳琦.关键矿产战略国际比较——历史演进与工具选择[J].资源科学,2020,42:1464-1476.

[13]戴相全.镍的价格预测与采购模型及其应用研究[D].长春:东北大学,2015.

[14]杨宜勇,刘方.新时代确保有色金属保供稳价长治久安的经验和对策[J].经济与管理评论,2022,38:130-136.

[15]李晔.新能源产业矿产资源安全保障分析[J].化学工业,2021,39:6-12.

[16]况秋华,刘春学,尹昊.双循环背景下有色金属矿产品国际价格波动影响因素研究——以铜、锡为例[J].价格月刊,2021:1-9.

[17]庄婧.有色金属国际价格波动的影响因素分析[J].商讯,2019:92-94.

[18]周娜.中国锂产业链安全态势与治理研究[D].北京:中国地质大学,2021.

[19]吴初国,汤文豪,张雅丽,等.新时代我国矿产资源安全的总体态势[J].中国矿业,2021,30(6):9-15.

[20]茹存一.中国锂矿资源供需形势评价[D].北京:中国地质大学,2021.

[21]IEA,2020. Global EV Outlook 2020[R]. Paris:IEA,.

[22]IEA,2020. World Energy Outlook 2020[R]. Paris:IEA.

[23]IEA,2021. The Role of Critical Minerals in Clean Energy

Transitions[R]. Paris:IEA.

[24]Sun,Ouyang,Hao. Surging lithium price will not impede the electric vehicle boom[J]. Joule, 2022.